MEMOIRE

POUR Joseph-Jean-François-Elie LEVI, Bourgeois de Villeneuve-sur-Bellot, Appelant.

CONTRE Monsieur FRANÇOIS, Duc DE FITZ-JAM, Evêque de Soissons, prenant le fait & cause de son Promoteur:

ET le Sieur LOUIS DAAGE, Curé de Villeneuve-sur-Bellot, Intimés.

Cause au grand Rôle des Lundy & Mardy.

JAMAIS Contestation ne mérita plus l'attention de la Cour que celle dont il s'agit. Il n'y est pas seulement question, comme dans toutes les autres, d'un interêt personnel; mais d'un point de discipline qui interesse l'Eglise universelle : Point de discipline fondé sur un dogme précis prêché par Saint Paul, enseigné par les Peres, décidé par les Conciles, soutenu par les Théologiens & Canonistes, établi par les Casuistes, expliqué par les Commentateurs des Livres saints:

A

Point de difcipline enfin attefté par tous les Auteurs, eonfigné jufques dans les Rituels & dans les Caté- chifmes, & confirmé par la pratique de l'Eglife uni- verfelle. Un Juif, un Mahometan, ou tout autre In- fidel, marié dans l'infidelité, qui depuis a eu le bon- heur d'être appellé, des ténebres dans lefquelles il étoit plongé, à la lumiere de la vérité, peut-il fe remarier après fon Baptême, lorfque fa femme Infi- delle refufe de le fuivre & de co-habiter avec lui ? Il feroit beaucoup plus parfait fans doute, que ce nou- veau Converti gardât la continence, du moins pen- dant la vie de fa femme Infidelle. Mais s'il n'en a pas reçu le don, l'Eglife exige-t'elle de ce Neophite, un dégré de vertu que JESUS-CHRIST lui-même dit être rare, & n'être pas donné à tous ? Ne craindroit- elle pas au-contraire de fermer l'entrée de la Reli- gion à tous les Infidels mariés, ou du moins à ceux qui, n'ayant pas été favorifés de ce don fi rare de la continence, feroient effrayés des périls inévitables où leur foibleffe fe trouveroit expofée en embraffant la Foi. En un mot, la pratique de l'Eglife eft-elle de permettre dans ce cas à l'Infidel converti de con- tracter un nouveau lien ? Eft-ce en particulier l'ufage & la difcipline de l'Eglife de Soiffons ? Tel eft l'objet de la Conteftation foumife à la décifion de la Cour.

F A I T.

Jofeph-Jean-François-Elie Levi, autrefois appellé *Borach Levi*, eft originaire de Haguenau en Alface, Diócèfe de Strafbourg, Domination de France. Né d'un pere & d'une mere Juifs, il fut élevé dans le Judaïfme, & à peine eut-il atteint l'âge de feize à dix-fept ans, qu'il époufa une fille de la même Religion, nommée Mandel Cerf.

Attaché au culte de fes peres, il en obferva toujours les cérémonies avec tout le fcrupule qu'on leur connoît. Il aima fa femme, & il en eut deux enfans. Il vêcut toujours en bonne intelligence avec elle & avec toute fa famille : En un mot, il fe comporta dans le Judaïfme comme ont coutume de faire tous ceux de cette Nation.

Telles furent l'origine, la vie & la conduite de Borach Levi jufqu'au mois de Mars 1751, qu'ayant quitté Haguenau pour venir à Paris fuivre une affaire en Réglement de Juges qui l'y appelloit, il fe fentit porté à embraffer la Religion Chrétienne. Ces premiers mouvemens furent fecondés par le zéle charitable de perfonnes qui l'inftruifirent, & il fut baptifé le 10 Août 1752 par le Curé de Montmagny. Il fut nommé *Jofeph-Jean-François-Elie-Levi*, au lieu de *Borach Levi*. Il étoit alors âgé de 31 ans environ.

Le premier foin de Levi, après fon Baptême, fut de travailler autant qu'il feroit en lui, à procurer le même avantage à fon époufe & à fes chers enfans. Il fit un premier voyage exprès à Haguenau à cet effet, au mois d'Octobre 1752 (a). Mais fon empreffement & fes exhortations furent inutiles ; Mandel Cerf refufa même de le fuivre & de co-habiter avec lui.

Quelque peiné que fût Levi de ce double refus, il ne voulut cependant rien précipiter ; il crut au-contraire devoir laiffer à fa femme le tems de la ré-

---

(*a*) Ce voyage eft conftaté par un certificat en forme des Préteur Royal, Stettmeiftres & Magiftrats de la Ville d'Haguenau, du 21 Février 1753, lequel eft joint aux piéces de la Caufe.

flexion, dans l'efperance qu'elle pourroit changer de difpofition à fon égard, au moins quant à la co-habitation ; & il fe contenta pour le moment, de pourvoir à l'inftruction de fes deux filles qui furent placées de l'autorité des Magiftrats, dans deux Communautés Religieufes où elles furent à portée de recevoir les premiers documens de la Religion.

Au mois de May 1754, c'eft-à-dire plus d'un an après, nouvelles inftances de Levi auprès de Mandel Cerf. Nouveau refus de la part de celle-ci. Levi alors prit l'avis de Théologiens & de trois Avocats au Confeil Souverain d'Alface, plus au fait qu'aucun autre de cette matiere, à caufe de la fréquence de ces fortes de cas dans l'étendue de cette Province; & autant pour fonder le cœur de fon époufe, & la rappeller à fon ancienne tendreffe, fi elle en étoit encore fufceptible, que pour fe mettre en regle à fon égard, fi elle perfeveroit dans fon refus, il fe détermina, fur leurs avis, à lui faire faire une premiere fommation de le rejoindre & de co-habiter avec lui. Mais craignant d'expofer fa foi naiffante aux périls qu'elle pourroit courir vis-à-vis d'une époufe auffi vive & auffi féduifante que Mandel Cerf, fi elle perfeveroit dans l'infidelité; inftruit d'ailleurs par fes Confeils, que la difcipline des Conciles, & la pratique de quelques Eglifes, & de celle de Strafbourg en particulier, avoit toujours été, furtout à l'égard des Juifs, de défendre au nouveau Converti, de co-habiter avec celui qui perfeveroit dans l'infidelité, lors même que celui-ci confentoit de demeurer avec le Converti; il fut confeillé d'ajouter à cette fommation, la condition, par Mandel Cerf, d'abjurer le Judaïfme, & d'embraffer la Religion Chrétienne.

Cette sommation fut faite à Mandel Cerf le 13 May 1754, par un Huissier assisté de deux Témoins ; mais elle ne produisit point l'effet que Levi en attendoit. Mandel Cerf refusa, & répondit par cette sommation même : *Qu'étant née dans le Judaïsme, elle étoit résolue d'y mourir ; qu'elle ne vouloit point aller retrouver son mari, ni le rejoindre ; qu'elle le sommoit au-contraire de lui envoyer des Lettres de séparation, suivant l'usage & les cérémonies des Juifs, afin qu'elle pût passer de son côté à un nouveau mariage avec une personne Juive.* Et dans la crainte qu'on ne s'imaginât que cette réponse subite ne fût plutôt un effet de sa vivacité, que d'une mûre déliberation de sa part, elle alla volontairement & de son plein gré, trouver le 15 Juin suivant, c'est-à-dire, vingt-huit jours après cette sommation, le Steittmestre-Régent de la Ville d'Haguenau, & lui déclara *qu'elle persistoit dans la réponse par elle faite à cette sommation, & qu'elle ne vouloit point rejoindre son mari* (a).

Une démarche aussi réflechie devoit faire perdre à Levi toute esperance de pouvoir la gagner ; cependant il ne se rebuta point. Flatté de l'idée que peut-

---

(a) » Je soussigné, Greffier, Syndic de la Ville de Haguenau, cer-
» tifie à tous qu'il appartiendra, que Mandel Cerf Juive, de cette Ville,
» femme de Borach Levi, appellé depuis son abjuration *Joseph-Jean-*
» *François-Elie Levi*, demeurant presentement à Paris, étant comparu
» pardevant Monsieur Georges-Joseph Hoffmann, Stettmeistre-Régent
» de cette Ville, a déclaré qu'elle persistoit en la réponse qu'elle a faite
» à la sommation qui lui a été faite à la requête dudit Joseph-Jean-
» François-Elie Levi son mari, le 13 du mois de May dernier, par le
» Sergent Royal Bieller, en présence de Jean Obmerger & Laurent
» Viri, tous deux Bourgeois de cette Ville, & qu'elle ne veut point
» joindre sondit mari. En foi de quoi j'ai signé les Présentes, & à icelles
» apposé le Sceau ordinaire de mes Armes. A Haguenau, ce 15 Juin
» 1754. *Signé.*   .   . Greffier-Syndic. «

être un second voyage à Haguenau seroit plus efficace que le premier, il l'entreprit & s'y rendit au mois de Septembre 1754 (a); mais aussi inutilement que la premiere fois. Mandel Cerf, plus inflexible qu'auparavant, ne voulut jamais acquiescer à co-habiter avec lui. Envain Levi lui promit-il de la laisser vivre dans le libre exercice du Judaïsme : Envain essaya-t'il de la toucher & l'attendrir par la séparation de ses enfans qu'il alloit emmener avec lui pour les faire baptiser ; rien ne fut capable de la vaincre, ni même de l'ébranler, & toute la ressource de Levi fut alors de suivre la procedure qu'il avoit commencée.

Il voulut cependant constater auparavant les offres qu'il lui avoit faites de la laisser libre dans l'exercice du Judaïsme ; & à cet effet, il lui fit faire une seconde sommation le 2 Octobre 1754, de venir le rejoindre, où il insera ces offres. Mais elle ne produisit pas plus d'effet que la premiere. Mandel Cerf y répondit sur le champ, comme elle avoit fait à la précedente, *qu'elle ne le rejoindroit jamais*; & elle le somma même une seconde fois *de lui envoyer des Lettres de divorce, afin qu'elle puisse se remarier à une personne Juive.*

Privé de toute esperance, & après s'être assuré plus particulierement de son droit, par un certificat du Sécretaire de l'Evêché de Strasbourg du 4 du même mois d'Octobre, Levi presenta le 18 sa Requête à l'Evêque d'Uranople, Suffragant & Official géneral de Strasbourg, à l'effet d'obtenir permission de faire affi-

---

(a) Ce second voyage est attesté par les certificats du sieur Christophe Reiden, Curé de Soultz en Haute-Alsace, du 16 Octobre 1754, & de la Supérieure des Religieuses de Saint François de Haguenau du 19 du même mois d'Octobre, lesquels sont joints aux piéces de la Cause.

gner Mandel Cerf à l'Audience de l'Officialité, pour
voir dire qu'il lui feroit donné acte des fommations
par lui à elle faites les 13 May & 2 Octobre, & des
déclarations par elle faites en réponfe ; en conféquence qu'il lui feroit permis de fe pourvoir par
mariage en face de la Sainte Eglife Catholique, &
que la Sentence qui interviendroit lui ferviroit de
permiffion abfolue , fans qu'il en foit befoin d'autre.

Cette Requête fut répondue de l'Ordonnance de
Soit permis d'affigner en l'Audience de l'Officialité ,
du 7 Novembre lors prochain , & l'affignation fut
donnée en conféquence le 23 dudit mois d'Octobre
à Mandel Cerf , en perfonne, pour fe trouver à l'Audience au jour indiqué. Mais elle n'y comparut pas ,
& il intervint, ce jour-là même , une Sentence par
défaut contr'elle , qui, *vû lefd. Requête , Ordonnance &*
Exploit donné en conféquence, enfemble les deux Somma-
tions ci-devant énoncées , & le Certificat du Greffier-
Syndic de la Ville d'Haguenau du 15 Juin précédent : Ouies
les Conclufions du Promoteur, & après avoir pris l'avis des
Affeffeurs , donna acte à Levi des fommations par lui
faites à fa femme Juive, & des déclarations par elle faites
en réponfe ; en conféquence déclara qu'il étoit L I B R E
audit Levi DE SE POURVOIR PAR MARIAGE *en face de*
la Sainte Eglife Catholique, Apoftolique & Romaine,
avec une perfonne de la même Religion , en obfervant
les formalités requifes, fans qu'il foit befoin d'autre per-
miffion.

Cette Sentence rendue, Levi repartit d'Haguenau ,
emmenant avec lui fes deux filles qui étoient déja en
partie inftruites, & qu'il acheva depuis de faire inf-
truire à Villeneuve-fur-Bellot , lieu de fon domi-

cile, où elles ont été baptifées le 29 Mars 1755, jour
du Samedy faint (a).

Libre de contracter un nouvel engagement, Levi
jetta alors les yeux fur une fille Chrétienne, à laquelle
il pût s'unir par le Sacrement de mariage : il la trouva
dans la Paroiffe même de Villeneuve. Il s'adreffa
donc au fieur Daage, Curé de cette Paroiffe, & le
pria de faire les proclamations de bans préalables &
néceffaires pour parvenir à la célebration d'icelui :
mais le fieur Daage qui avoit baptifé fes enfans la veille
de Pâques précedent, & qui le fçavoit par conféquent marié, refufa de faire cette publication, fous
prétexte qu'ayant déja une femme, il ne pouvoit pas
en époufer une autre, tant que la premiere vivroit.

Avec un peu plus de connoiffance de la Tradition

_____

(a) *Extrait des Regiftres de Baptême de Villeneuve-fur-Bellot, Dioèfe de
Soiffons, Election de Colommiers.*

» L'an mil fept cent cinquante-cinq, le vingt-neuviéme jour du mois de
» Mars ont été baptifées Marie-Françoife, & Marie-Angelique, filles de
» Jofeph-Jean-François-Elie Levi, né Juif & baptifé à Montmagny,
» Dioèfe de Paris, comme il paroit par le Certificat de M. le Soudier,
» Curé dudit lieu, & Mandel Cerf fa femme encore Juive, non baptifée ;
» maintenant ledit fieur Levi demeurant chez Madame de *Mauroy*, veuve
» de Meffire *Guillaume-Leger le Pelletier*, ancien Lieutenant aux Gardes
» Françoifes, Chevalier de l'Ordre Militaire de Saint Louis, Seigneur
» de Villeneuve, Marée & autres lieux, elle Dame de Villeneuve-fur-
» Bellot ; la premiere âgée d'environ quinze ans, & la feconde d'environ
» douze ans, par moi Curé de la Paroiffe fouffigné, conformément à la
« Commiffion de Monfeigneur l'Évêque de Soiffons, en datte du douze
» Mars de ladite année. Le Parein Meffire Edme-François-Marcel d'A-
» lonville, Chevalier, Seigneur de Verdelot, la Roche & autres lieux ;
» la Mareine Dame Henriette Meunier de Mauroy, Dame dudit Ville-
» neuve-fur-Bellot, qui ont figné avec plufieurs Témoins, & nous Curé
» fufdit. *Signé enfin*, DE MAUROY LE PELLETIER, D'ALONVILLE,
» ARMAND JEAN D'ALONVILLE, SAUVAGE D'ALONVILLE, HENRY-
» VICTOR, Seigneur de Trottes, CHARLES-AUGUSTE MARCEL,
» MARCEL, Chevalier D'ALONVILLE, CHARLES-ANTOINE GIRRI,
» RENÉ-CHARLES FRANÇOIS, JOSEPH LEVI, & DAAGE, Curé.

ou

ou du Rituel même du Diocèse de Soiſſons, le Curé
de Villeneuve n'auroit point fait cette difficulté. Pour
lever ſes doutes & ſes ſcrupules à cet égard, Levi lui
fit ſignifier le 13 Juin 1755 les Sommations, le Certificat du Greffier-Syndic de la Ville d'Haguenau &
la Sentence de l'Official de Straſbourg ci-devant énoncées : il lui réitera, par le même acte, ſes précedentes
réquiſitions, & le ſomma de nouveau de proceder à
la proclamation des bans de ce mariage. Mais le Curé
de Villeneuve perſiſta dans ſon refus : ce qui obligea
Levi à le faire aſſigner le 30 du même mois devant
l'Official de Soiſſons, pour ſe voir enjoindre de faire
cette publication, & enſuite la célébration de ce mariage, en obſervant les formalités preſcrites.

Le Curé de Villeneuve ne voulut rien hazarder ſur
cette demande, moins encore ſe charger de l'évenement de la conteſtation. Il jugea plus prudent de s'en
rapporter à Juſtice, & à la déciſion de ſes Supérieurs
dans l'Ordre Eccleſiaſtique ; ce qu'il fit par des défenſes qui furent ſignifiées le 6 Août 1755 ; & néan-
moins il voulut avoir la ſatisfaction de critiquer en
quelque point, bien ou mal, il n'importe, les piéces
que Levi lui avoit fait ſignifier, & ſur leſquelles il
paroiſſoit vouloir établir ſa demande. Il obſerva donc
par ces défenſes, que la premiere ſommation faite à
Mandel Cerf le 13 May 1754, ne pouvoit être d'aucune conſideration, attendu l'injonction qui lui avoit
été faite d'abjurer le Judaïſme ; que le délai de 24
heures porté par la ſeconde étoit trop bref ; que ces
deux ſommations avoient été faites par un Huiſſier &
non par un Notaire ; que la Sentence de l'Official de
Straſbourg avoit été précipitée ; enfin qu'elle n'avoit
point été ſignifiée à Mandel Cerf.

La Cause portée à l'Audience le 4 Septembre suivant, il intervint Sentence contradictoire sur les Conclusions du Promoteur, qui déclara Levi non-recevable *quant-à-préfent*, dans sa demande, & le condamna aux dépens.

Comme ce Promoteur s'étoit principalement appuyé, dans ses Conclusions, sur les moyens du Curé de Villeneuve, que l'on vient de détailler, & que c'étoit sur ce fondement que Levi avoit été déclaré non-recevable *quant-à-préfent* dans sa demande; Levi crut, avant de se pourvoir contre cette Sentence, devoir réparer, autant qu'il seroit en lui, ces prétendues défectuosités qu'on lui objectoit, dans l'esperance qu'il obtiendroit ensuite ce qu'il demandoit. Il fit donc en conséquence signifier la Sentence de l'Officialité de Strasbourg au domicile de Mandel Cerf. Il lui fit faire une nouvelle sommation le 15 Octobre 1755, au même domicile, de le rejoindre pour demeurer avec lui, aux offres de la laisser libre dans l'exercice du Judaïsme; & il lui fit faire cette sommation, non par un Huissier; mais par un Notaire & deux Témoins. Il présenta ensuite une nouvelle Requête à l'Official de Soissons le 17 Janvier 1756, par laquelle, après avoir rendu compte de toutes ces nouvelles démarches, il conclut en conséquence à la publication de bans, & ensuite à la célébration du mariage dont il s'agit, en observant les regles prescrites par le Rituel du Diocèse.

Sur cette nouvelle demande, seconde Sentence le 5 Février 1756, à la poursuite & sur les Conclusions du Promoteur, qui déclare Levi définitivement non-recevable, sans dépens.

Quel a été le motif de cette derniere Sentence?

Si Levi n'étoit non-recevable que pour le moment ; lors de la Sentence du 4 Septembre 1755 , comment a-t-il pû l'être définitivement lors de celle du 5 Février 1756 , puisqu'il étoit alors beaucoup plus en regle, de l'aveu du Promoteur, que lors de la premiere ? C'est-là sans doute un mystere dont la connoissance est réservée au Promoteur & à l'Official de Soissons ; mais il est visible qu'il y a entre ces deux Sentences, une contradiction manifeste, & qu'elles se détruisent mutuellement : aussi Levi s'est-il pourvu par la voye de l'appel comme d'abus contre toutes les deux. Sur la premiere, il a fait intimer le sieur Daage Curé de Villeneuve, comme ayant été rendue à son profit, & M. l'Evêque de Soissons sur la seconde, comme prenant le fait & cause de son Promoteur, à la poursuite duquel elle est intervenue. C'est par-là que M. l'Evêque de Soissons se trouve en Cause.

Levi peut-il se flatter de réussir dans cet appel ? L'affirmative est incontestable ; si la discipline de l'Eglise, & spécialement celle du Diocèse de Soissons, permettent à l'Infidel converti de contracter un nouveau mariage, dans le cas de désertion du conjoint infidel ; c'est ce qu'il faut présentement examiner.

M O Y E N S.

Le privilege que Levi réclame en faveur de l'Infidel converti est si constant, il est tellement fondé dans l'Ecriture & la Tradition, il est de pratique si ancienne dans l'Eglise, qu'il suffiroit pour déterminer les suffrages sur la question que nous agitons, de s'en rapporter au témoignage même de l'illustre Prélat sous le nom duquel on soutient aujourd'hui le con-

traire. En effet, M. de Soiffons s'eft expliqué fi clairement fur le point dont il s'agit, dans les différens
ouvrages dont il a enrichi le Public, & fpécialement
dans le Rituel qu'il a fait imprimer à Soiffons en 1753
pour l'ufage de ce Diocèfe, qu'il n'eft plus poffible
d'élever aucun doute aujourd'hui fur la prétention de
Levi. Docte dans fes écrits, profond dans fes recher-
ches, plein de difcernement dans le choix de fes preuves, autant amateur des bonnes regles & de l'antiquité, qu'ennemi de toute nouveauté; ce Prélat lui-
même nous affure, dans le Mandement qui eft à la
tête de ce Rituel (page 12), qu'il a été attentif à ne
rien ordonner légerement ou par efprit de domination,
à fuivre en tout les faints Canons, & à refpecter les
fages Ordonnances de fes prédéceffeurs; qu'il s'eft fait
une loi, dans la compofition de ce Rituel, de fe conformer, autant qu'il lui a été poffible, à la vénérable antiquité & aux ufages de ce Diocèfe, & d'éviter avec
foin tout ce qui auroit pû fentir la nouveauté ou émouvoir les efprits. Il nous affure enfin que fa principale
occupation a été de ne rien dire de lui-même, mais
au contraire de tranfmettre dans toute fa pureté & fon
intégrité le dépôt inviolable qu'il a reçu de fes peres
dans la Foi (a).

(a) Mandement de Monfeigneur l'Evêque de Soiffons, du 24 Décembre 1752, imprimé à Soiffons en 1753 à la tête du nouveau Rituel
compofé pour l'ufage de ce Diocèfe, page 12.
» Plus l'autorité Epifcopale eft éminente, plus nous devons être atten-
» tifs à n'en ufer qu'avec retenuë & modération, à ne rien ordonner lége-
» rement, ou par efprit de domination, à fuivre en tout les faints Canons,
» à refpecter les fages Ordonnances de nos Prédéceffeurs, & à écouter les
» juftes reprefentations de ceux que Dieu nous a donné pour co-opé-
» rateurs dans le gouvernement & l'enfeignement des Peuples.
» Tels font, mes chers Frères, les principes que nous avons fuivis dans la
» compofition du Rituel que nous vous donnons aujourd'hui : Nous nous

Avec un guide auſſi éclairé peut-on courir aucun riſque, ſurtout lorſqu'il a d'auſſi ſûrs garands de ce qu'il avance que ceux ſur l'autorité deſquels il s'appuye.

Or, comment M. l'Evêque de Soiſſons s'explique-t-il dans ce Rituel ſur ce qui fait l'objet de la conteſtation?

» L'Apôtre enſeigne », dit-il, page 271 de la premiere partie de ce Rituel, » que les mariages des In-» fideles ſont légitimes; qu'un Infidel qui ſe convertit » peut & doit même demeurer avec ſa femme qui per-» ſevere dans l'infidélité & qui conſent d'habiter avec » lui, & de même la femme avec ſon mari; mais que » ſi l'Infidel ſe ſépare, le Fidel a droit de ſe ſéparer » auſſi, parce qu'un frere & une ſœur ne ſont plus aſ-» ſujettis en cette rencontre. *On permet même*, ajoute-» t-il, *à un Fidel abandonné ainſi par la Partie Infidele,* » *DE SE MARIER A UN AUTRE.*

Voilà donc la prétention de Levi canoniſée par M. de Soiſſons lui-même; la voilà propoſée aux Paſteurs & aux Fidels de ſon Diocèſe comme *une regle de conduite* qu'ils doivent obſerver dans la pratique, & comme une regle de conduite *puiſée dans les ſources pures de l'Ecriture & de la Tradition, & appuyée non ſur le ſable mouvant des opinions humaines & des Caſuiſtes modernes, mais ſur le fondement inébranlable de la Loi de Dieu, des Conciles & des Peres.* Telle eſt l'idée que M. l'Evê-

---

» ſommes fait une loi de nous conformer, autant qu'il nous a été poſſible, » *à la vénérable antiquité, & aux uſages de ce Diocèſe, de prendre* ſurtout » *pour modeles, les anciens Rituels* de cette Province, & *d'éviter* avec » ſoin tout ce qui auroit pû ſentir la *nouveauté* ou émouvoir les eſprits. » „ Par la lecture aſſidue que vous ferez de ces *vérités*, vous recon-» noîtrez, mes chers Freres, que *notre principale attention a été de ne* » *rien dire de nous-même*, mais de vous tranſmettre, *dans toute ſa pureté* » *& ſon integrité, le dépôt inviolable que nous avons reçû de nos peres dans* » *la Foi.* «

que de Soissons lui-même nous en donne dans le Mandement que nous venons de citer (a).

Par quelle témérité le Promoteur & l'Official de Soissons se sont-ils donc avisés de refuser à Levi la liberté de faire usage de cette permission? Converti à la Religion Chrétienne, de Juif qu'il étoit auparavant; abandonné de sa femme Infidelle, qui refuse opiniâtrement de le suivre & de co-habiter avec lui, n'étoit-ce pas le cas prévu par le Rituel, où l'on doit permettre à l'Infidel converti de se remarier? Pourquoi s'y sont-ils donc opposés? Le Rituel de Soissons n'étoit-il pas leur regle? Et quand ils auroient osé se croire mieux instruits des vrais principes que M. de Soissons lui-même, pouvoient-ils se souftraire à l'autorité de ce Rituel, qui faisoit leur loi?

A ce seul exposé l'abus des Sentences dont est appel est évident. Il est de principe constant dans le Droit, que les usages, même particuliers des Eglises, sont des loix dont il n'est jamais permis aux Officiaux, ni même aux Evêques, de s'écarter. S'ils le font, c'est un abus répréhensible. Consultez, disoit Alexandre III. à un Evêque qui lui avoit demandé son avis sur une question de mariage; consultez l'usage de votre Mé-

---

(a) » Vous verrez (porte ce Mandement page 12) que tout ce que
» nous vous proposons, est tiré des sources pures de l'Écriture & de la
» Tradition. . . . . .
       » Les principes qui y sont contenus (dans ce Rituel) nous ont paru
» suffisans, non-seulement pour nourrir votre pieté, mais encore pour lever
» la plupart des difficultés qui se rencontrent dans le gouvernement spi-
» rituel, *nous vous recommandons de vous attacher avec d'autant plus de*
» *fidelité AUX DECISIONS qui y sont renfermées,* que nous avons eu soin,
» comme il vous sera aisé de vous en convaincre, de les appuyer, *non*
» *sur le sable mouvant des opinions humaines,* & *des Casuistes modernes,*
» mais sur le *fondement inébranlable de la Loi de Dieu,* des *Décrets des*
» *Conciles* & *de la Doctrine des Peres.*

tropole & des Eglifes voifines, & conformez-vous-y.
Super eo quod à nobis tua fraternitas requifivit de duorum
compatrum filiis.... De his te volumus CONSUETUDINEM
TUÆ METROPOLITANÆ ECCLESIÆ, VEL ALIARUM CIR-
CUMPOSITARUM INQUIRERE, & DILIGENTIUS IMITARI.
Ita quod, fi ejufdem Ecclefiæ confuetudo habeat inter eos
non fuftinere conjugium fieri.... Tu fimili modo in Eccle-
fia tibi commiffa, conjugium hujufmodi fieri non per-
mittas. Alex. III. cap. fuper eo. Extra de cognat. fpiri-
tuali. Auffi la Cour a-t-elle toujours été attentive à
réprimer ces fortes d'abus. On en citeroit une foule
d'exemples, fi la Jurifprudence fur ce point n'étoit
pas de notoriété publique.

Levi pourroit donc borner là fa défenfe, & fe flatter
même d'un fuccès d'autant plus affuré, que le Rituel
de Soiffons & la Sentence de l'Official de Strafbourg
dont il réclame aujourd'hui l'exécution, ne font point
attaqués. Mais il craindroit de faire tort à fa caufe &
de ne la pas mettre dans tout fon jour: & comme fous
le nom de M. l'Evêque de Soiffons on entreprend de
foutenir aujourd'hui le contraire de ce qu'il a décidé
dans fon Rituel; il eft néceffaire de juftifier M. de Soiffons contre M. de Soiffons lui-même, en prenant la
défenfe de ce Rituel, & du privilege accordé par icelui aux Infidels convertis, qui fait ici le fondement
de la caufe de Levi. Pour le faire avec plus de folidité
& plus d'ordre en même-tems, on établira les deux
propofitions fuivantes.

La premiere, qu'il y a eu dans tous les tems des exceptions à l'indiffolubilité du mariage.

La feconde, que l'Eglife a toujours regardé comme
une de ces exceptions le refus du conjoint Infidele
de co-habiter avec le conjoint converti.

PREMIERE PROPOSITION.

Il y a eu dans tous les tems des exceptions à l'indiſſolubilité du mariage.

Ces paroles célébres du premier homme, quand le Créateur lui préſenta celle qu'il lui avoit deſtinée pour épouſe: *Ecce nunc os de oſſibus meis & caro de carne mea.... Itaque relinquet homo patrem & matrem & adherebit uxori ſuæ, & erunt duo in carne una*, Geneſ. ch. 2. v. 23 & 24, ont toujours été conſiderées comme développant les deux caracteres eſſentiels & principaux de l'inſtitution du mariage : l'unité & l'indiſſolubilité.

Mais quelqu'eſſentiels qu'ayent été & que ſoient encore aujourd'hui ces deux caracteres à la ſociété de l'homme & de la femme, on ne peut raiſonnablement conteſter qu'il n'y ait eu des exceptions à l'un & à l'autre.

Sur l'unité : combien d'exemples ne trouvons-nous pas avant l'établiſſement de l'Evangile, de Saints qui ont eû pluſieurs femmes ! Abraham en eut deux, & ce fut Sara elle-même qui lui fit épouſer Agar ſa Servante *. Jacob en eut quatre. Gedeon ** & David en eurent un nombre conſidérable : l'Ecriture en compte juſqu'à dix-huit à David.

* Geneſe ; ch. 16, verſ. 3.
** Jug. 8, 30.

Nous n'examinerons point ici s'il y avoit quelque différence entre les femmes de chacun de ces ſaints perſonnages. Ces différences, s'il y en avoit, n'étoient que pour le rang & les dignités. Mais les femmes du ſecond rang, celles-mêmes qu'on appelloit Concubines, étoient de véritables femmes, dont le mariage ſeulement avoit été moins ſolemnel, mais qui ne différoient en rien des

premieres

premieres quant à l'ufage du mariage. Or, ce n'eſt pas
ici le rang qu'il faut confulter : c'eſt la qualité d'é-
poufe & les droits du mariage ; & le mari avoit les mêmes droits fur les femmes du fecond rang que fur celles du premier.

Ces exemples de la pluralité des femmes dans les
Saints dont nous venons de parler, & dans tant d'autres que l'on pourroit citer, ne nous laiſſent aucun lieu
de douter que la permiſſion ne leur en ait été accordée, & qu'ils n'en ayent fait un ufage faint & légitime. Soit que cette permiſſion ait été générale (a), foit
qu'elle ait été particuliere, foit qu'elle ait été accordée *ad duritiam cordis*, comme le divorce, ou par quelqu'autre motif, il en réfultera toujours qu'avant Jeſus-
Chriſt, c'eſt-à-dire fous la Loi de nature & fous la Loi
écrite, l'unité du mariage a fouffert des exceptions, &
qu'il y a été dérogé.

(a) On ne peut pas conteſter que la pluralité des femmes n'ait été
permife aux Juifs, de même qu'aux Patriarches dont nous venons de citer l'exemple. Il n'y avoit que la multitude qui leur fût défendue, de
peur qu'elles ne fe rendiſſent maîtreſſes de leur efprit. *Non habebit uxores
plurimas*, dit Moyſe dans le Deuteronome, ch. 17, v. 17, *quæ afficiant
animum ejus ;* mais il leur étoit permis d'en avoir plufieurs. Moyſe le décide formellement dans le chapitre 21 du même Livre, v. 15, où il regle la fucceſſion d'un homme qui a deux femmes, entre les enfans de cha-
cune de ces deux femmes qu'il admet à la partager. *Si habuerit homo duas
uxores, unam dilectam & alteram odiofam, genuerintque ex eo liberos,
& fuerit filius odiofæ primogenitus, volueritque fubftantiam inter filios di-
videre ; non poterit filium dilectæ facere primogenitum, & præferre filio
odiofæ, fed filium odiofæ agnofcet primogenitum, dabitque & de his quæ habuerit cuncta duplicia, &c. . . . .* Auſſi Saint Auguſtin excufe-t'il formellement cet ufage dans fon troifiéme Livre *de Doctrina Chriſti, cap. 12.
Sufficiendæ prolis caufa erat uxorum plurium fimul habendarum inculpabilis
confuetudo.* Et dans fon vingt-deuxiéme Livre contre Fauſte, il répond
de même à l'objection que cet hérétique lui faifoit, à l'occaſion des quatre
femmes de Jacob: *Objiciuntur*, dit-il, *Jacob quatuor mulieres, quod quando
illos erat, crimen non erat.*

C

Il a donc pu être dérogé de même à l'indiſſolubilité; car ces deux conditions du mariage dans ſon
inſtitution, appuyées toutes les deux ſur ces paroles
de la Geneſe, que l'on vient de rapporter, marchent
inconteſtablement d'un pas égal, & ne ſont pas plus
ſuſceptibles d'alteration l'une que l'autre. Il ſemble
même, ſi l'on veut conſulter cette autre vérité
enſeignée par Saint Paul dans ſa premiere Epître aux
Corinthiens, chap. 7, ℣. 4, *Vir ſui corporis poteſ-
tatem non habet ſed mulier,* que le caractere de l'unité
ſoit encore plus indiſpenſable que celui de l'indiſſolubilité. Car il n'étoit pas moins vrai dès l'origine du
monde, que du tems de Saint Paul, que le corps de
l'homme n'étoit point en ſon pouvoir, mais en celui
de ſa femme : Cependant les Saints Patriarches dont
nous venons de rapporter l'exemple, ont été autoriſés
à agir différemment. Il a été dérogé à cet égard au
caractere de l'unité du mariage. Nous venons de l'établir : Donc à plus forte raiſon il a pu être dérogé de
même à celui de l'indiſſolubilité.

On ne peut douter, en effet, que Dieu n'ait uſé de
la même indulgence à cet égard, qu'à l'égard de
l'unité. L'Hiſtoire nous apprend, qu'avant même la
Loi, la faculté du divorce s'étoit introduite dans le
monde, ainſi que la Poligamie; & que les Hebreux
étoient dans cet uſage. La permiſſion leur en eſt même
expreſſément accordée par la Loi de Moïſe. *Si acceperit
homo uxorem & habuerit eam, & non invenerit gratiam
antè oculos ejus, propter aliquam fœditatem : Scribet
libellum repudii & dabit in manu illius & dimittet eam de
domo ſuâ.* (Deuter. chap. 24, ℣. 1.) Un Juif étoit-il
mécontent de ſon épouſe, avoit-il remarqué quelque
vice honteux en elle, *aliquam fœditatem,* la Loi alors

lui permettoit de la répudier , de la mettre hors de chez lui , & d'en époufer une autre : la femme répudiée étoit libre de fon côté de fe remarier , *cumque egreffa alterum maritum duxerit* , ⱴ. 2 : & cet ufage conftamment obfervé parmi la Nation Juive , tant qu'elle a formé un corps politique dans le monde , eft encore exactement pratiqué par ceux de fes reftes difperfés qui font aujourd'hui les plus inviolables Obfervateurs de fon culte & de fes cérémonies.

Prétendra-t-on , comme on a effayé de l'établir à l'Audience , que le divorce dans l'ancienne Loi n'au-torifoit que la féparation d'habitation , & nullement la diffolution même du lien du mariage ?

D'abord ce feroit contredire l'ufage & la pratique des Juifs : ufage qui dans tous les tems & dans toutes les circonftances a toujours été le plus fûr interprete du véritable fens d'une Loi , & de l'intention du Légiflateur. De plus , ce feroit renverfer & détruire le fens & les expreffions même de Moyfe , & anéantir l'effet des charges onéreufes qu'il impofe aux Juifs dans cette circonftance. Pourquoi en effet cette obligation du mari d'écrire un billet de répudiation & de le mettre dans la main de la femme répudiée ? *Scribat libellum repudii & dabit in manu illius.* Cette formalité eût été bien inutile , il faut l'avouer , fi le divorce n'avoit eu pour objet que la féparation d'habitation. Ne fuffifoit-il pas dans ce cas qu'ils fe féparaffent de fait ? Quel étoit donc encore une fois l'objet de cette formalité ? Sinon de mettre la femme répudiée en état de contracter un nouveau mariage ; ce qu'elle n'auroit jamais pu faire fans ce billet , ou acte , qui contenoit la preuve que fon mari l'avoit répudiée, qu'il l'avoit renoncée pour fa femme , c'eft-à-dire , qu'il s'étoit déporté à fon égard de tous les droits que le mariage lui avoit donnés fur elle, qu'il lui rendoit la liberté de fon corps, & le droit d'en difpofer comme elle le jugeroit à propos. C'étoit, en effet, ce que portoient ces billets de répudiation dont le fens originairement fixé par le Légiflateur lui-même, comme on n'en peut pas douter, nous a été tranfmis & confervé par differens Auteurs, & entr'autres, par Calmet dans fon Dictionnaire de la Bible, fur le mot répudiation. En voici la fubftance :

Un tel jour, de tel mois, de telle année, moi tel te répudie volontairement, t'éloigne & te fais libre, toi telle qui as été ci-devant ma femme, & te permets de te marier à qui il te plaira. Signé, tels & tels, comme Témoins.

Telle eft auffi la force & l'étimologie du terme même de *répudiation* dont s'eft fervi Moyfe : *Scribet libellum repudii.*

Pourquoi d'ailleurs n'y auroit-il eu que le mari qui eût eu le droit de faire divorce ? Les féparations d'habitation ne font-elles pas autant, & même plus en faveur de la femme que du mari ? Les femmes n'ont-elles pas un droit égal de les demander & de les pourfuivre, lorfque les maris fe font mis dans le cas à leur égard : Donc l'objet de ce divorce ne peut pas être la féparation d'habitation, puifque les femmes y ayant autant de droit que les maris, ce droit feroit également exprimé en leur faveur.

Envain pour établir que le divorce ne rompoit point le lien, nos Adverfaires objectent-ils que fuivant les ℣. 3 & 4 de ce chapitre, un mari qui avoit répudié fa femme ne pouvoit la reprendre après la mort d'un fecond mari, parce qu'elle étoit fouillée, & que c'étoit une abomination devant le Seigneur,

& abominatio eſt coram Domino , comme porte le Texte
Hebreu traduit par Calmet. Cette femme étoit fouillée fans doute ; mais c'étoit par les défordres qui l'a-
voient fait répudier par fon premier mari , & non par
le nouveau mariage qu'elle avoit contracté depuis : &
c'eût été une abomination réelle à ce premier mari de
la reprendre après avoir été remariée , parce que c'eût
été fe jouer du mariage & du divorce même , & pa-
roître ne l'avoir renvoyée que pour la prêter à un autre.
Ce n'eſt donc pas fur le mariage de cette femme après
fon divorce que tombe l'abomination , mais fur le
fecond mariage que fon premier mari auroit contracté
avec elle après qu'elle en auroit époufé un autre. C'eſt
ainfi que Calmet réfout cette difficulté.

Et en effet , fi le mariage après le divorce eût été
prohibé à la femme répudiée , la défenfe de l'époufer
auroit dû être univerfelle : cependant le mari eſt le
feul à qui cette défenfe foit adreffée : Donc cela étoit
permis à tous les autres. C'eſt auffi ce que dit clairement
le ℣. 2 , *cumque egreſſa alterum maritum duxerit* , & ce
qui eſt confirmé par le ℣. 14 du vingt-uniéme chapitre
du Lévitique , qui en défendant aux Prêtres d'époufer
des femmes répudiées & des veuves , prouve que cela
étoit permis au Corps de la Nation. *Viduam & repu-
diatam non accipiet.*

Tout concourt donc à établir , que l'objet du divorce étoit réellement la diffolution du lien même du
mariage. Mais ce qui le prouve encore davantage ,
c'eſt l'abrogation que Jefus-Chriſt en a fait dans l'E-
vangile. En effet , Jefus-Chriſt l'eût-il ainfi prohibé ,
s'il n'eût eu pour objet que la féparation de lit ou
d'habitation ? Ces fortes de féparations ne font-elles
pas expreſſément autorifées parmi-nous ? Saint Paul

n'en donne-t-il pas lui-même le confeil dans fa premiere Epître aux Corinthiens, chap. 7, ℣. 5 & 11. Le divorce pris en ce fens ne peut donc jamais avoir été l'objet de la défenfe de Jefus-Chrift ; parce qu'il ne peut être contraire à lui-même, ni l'Eglife contraire à Jefus-Chrift. Car enfin Jefus-Chrift en abrogeant dans la Loi nouvelle le divorce qui étoit permis dans l'ancienne, a défendu & prohibé réellement & de fait, dans l'Eglife, quelqu'ufage, quelque pratique autorifée dans laSynagogue.Les féparations de corps & d'habitation font permifes,&ufitées parmi nous,comme elles l'étoient chez les Juifs : ce n'eft donc pas-là l'objet de la prohibition du divorce dans laLoi nouvelle:Donc cette prohibition ne peut frapper que fur la diffolution du lien même du mariage, qui en effet n'eft point permife parmi-nous : Donc cette diffolution du lien étoit le principal objet du divorce dans la Loi ancienne.

Comment d'ailleurs, fi le divorce n'avoit eu pour objet dans l'ancienne Loi que la féparation de corps, Jefus-Chrift auroit-il pu dire dans l'Evangile, qu'il n'avoit été permis aux Juifs qu'à *caufe de la dureté de leur cœur* ? (Matt. 19, ℣. 8.) Tandis que non-feulement l'Eglife permet fouvent cette féparation à fes enfans, mais qu'elle la leur ordonne même dans plufieurs circonftances ; comme lorfque l'un des Conjoints eft en rifque de fa vie ou de fon falut, en demeurant avec l'autre.

De plus, dans cette hypotèfe, un Juif qui dans l'ancienne Loi fe feroit feulement féparé d'habitation de fa femme adultere, auroit donc été dans le cas de ce reproche de dureté de cœur, fuivant cette parole de Jefus-Chrift ; puifque ce feroit fur cette féparation qu'elle frapperoit, dans le fyftême de nos Adverfaires?

Cependant s'il ne s'en fût pas féparé, il eût été condamné par le Saint-Efprit même qui déclare impie &
infenfé celui qui garde fa femme adultere. *Qui expellit
mulierem bonam expellit bonum*, dit le Sage, Prov. chap.
18, ℣. 22. *Qui autem tenet adulteram, ftultus & impius eft.*

Comment donc concilier tous ces Textes, finon en
fuppofant, comme cela eft inconteftable, que le divorce rompoit réellement le lien du mariage? C'eft
en effet ce qu'ont enfeigné les Peres, & S. Auguftin
lui-même le plus oppofé de tous à la diffolubilité du
lien, dans fon premier Livre de *Sermone Domini*,
chap. 14, n. 29, où, traitant du billet de divorce, il
dit, que l'obligation n'en avoit été impofée aux Juifs
que pour les en détourner, & afin que l'idée même
de ce billet pût rallentir & temperer la colere de celui
qui vouloit renvoyer fa femme, parce que, quelque
dur que fût un pareil homme, il devoit fe calmer
facilement, lorfqu'il penfoit, ajoute-t-il, que fa
femme pourroit, fans aucun danger, fe remarier à un
autre, auffitôt qu'il lui auroit donné le billet de divorce. *Quantumvis enim durus effet qui vellet dimittere
uxorem, cum cogitaret, libello repudii dato, jam SINE
PERICULO eam POSSE NUBERE ALTERI, facilè placaretur.*

Ce même Pere après avoir établi dans fon Livre de
bono conjugali, ch. 7, l'indiffolubilité du mariage des
Chrétiens, ce qu'il attribue à l'effet du Sacrement
qu'ils ont reçu, dit dans le chap. 8, qu'il n'en eft pas
de même du mariage des Payens; qu'ils ont la liberté
après le divorce, de fe marier chacun de fon côté à
qui bon leur femble; & il ajoute que Moyfe avoit
auffi accordé cette permiffion aux Ifraëlites, à caufe
de la dureté de leur cœur. *Ceterum, aliter fe habere jura
Gentilium quis ignorat, ubi interpofito repudio, fine*

reatu aliquo ultionis humanæ, & illa cui voluerit nubit, & ille quam voluerit ducit. Cui confuetudini fimile aliquid propter Ifraëlitarum duritiam, videtur permififfe Moyfes de libello repudii.

Auffi Tertullien dans fon Livre *de Monogamia*, chap. 9, foutient-il affirmativement, que le mariage n'étoit pas moins rompu par le divorce que par la mort. *Tam repudio matrimonium dirimente, quàm morte, non tenebitur ei, cui, per quod tenebatur, abruptum eft.*

Mais ce qui décide ici la queftion, c'eft que Jefus-Chrift lui-même le fuppofe dans l'Evangile, dans la réponfe qu'il fit aux Juifs à ce fujet, (Matt. ch. 19) lorfque ceux-ci pleins de l'idée où ils étoient, qu'il étoit permis de renvoyer fa femme & d'en époufer une autre, lui objecterent, pour le lui prouver, la Loi de Moyfe qui leur permettoit le divorce. Jefus-Chrift ne nie pas l'objection ni les conféquences que les Juifs en tiroient ; mais il remonte à l'inftitution du mariage, & leur répond qu'il n'en avoit pas été ainfi dès le commencement : *ab initio non fuit fic*, dit-il (V. 8). Que fignifioit cette réponfe de Jefus-Chrift, il n'en a pas été ainfi dès le commencement ? N'étoit-ce pas convenir qu'il y avoit eu un tems poftérieur & inter-médiaire dans lequel cela leur avoit été permis ? Auffi Jefus-Chrift le dit-il expreffément : *Moyfes permifit*. (Ibid.)

Jefus-Chrift ajoute, il eft vrai, que c'étoit *ad duritiam cordis* que Moyfe leur avoit accordé cette per-miffion. Mais cela ne détruit pas l'ufage légitime qu'ils pouvoient en faire, en fe tenant dans les bornes pref-crites par le Légiflateur. Autrement il en réfulteroit que Moyfe les auroit induits en erreur, & les auroit portés au péché, en leur accordant une permiffion criminelle

criminelle en elle-même : ce qui feroit un blafphême.

Tel étoit donc l'effet du divorce dans l'ancienne Loi. Il rompoit le lien du mariage, il donnoit aux Juifs le pouvoir d'en contracter un nouveau, & dérogeoit par conféquent au caractere de l'indiffolubilité. Mais cette exception n'a-t-elle duré qu'autant que l'ancienne Loi ? A-t-elle eu lieu dans la nouvelle ? ou y en a-t-il eu quelqu'autre pareille ? C'eft ce qu'il faut préfentement examiner.

La prohibition faite par J. C. dans l'Evangile de quitter fa femme pour en époufer une autre, emportoit inconteftablement l'abrogation du divorce ; & l'ufage en eût été aboli dès le berceau de l'Eglife, de même que celui de la Poligamie, fi cette défenfe eût été pure & fimple : mais J. C. y ayant ajouté l'exception de la fornication, *quicumque dimiferit uxorem fuam*, NISI OB FORNICATIONEM, *& aliam duxerit, mechatur* ; on en a conclu dès les premiers fiécles de l'Eglife, qu'il étoit donc permis dans ce cas, & de quitter fa femme adultere, & d'en époufer une autre : De-là s'eft introduit parmi les Fidels l'ufage du divorce, & de fe remarier en cas d'adultere : Ufage qui depuis a été autorifé par les premiers Peres & les premiers Auteurs Eccléfiaftiques, qui a même été adopté par plufieurs Conciles, & qui fubfifte encore dans l'Eglife Grecque.

On ne nous accufera pas fans doute, en en rapportant les preuves, de vouloir par-là porter atteinte à la difcipline, & aux maximes fubfiftantes dans l'Eglife Latine : elles font facrées & inviolables, & nous les reconnoiffons pour telles. Il ne s'agit ici que d'expofer des faits tels que les monumens Ecclefiaftiques nous les fourniffent ; & c'eft où nous entendons nous renfermer.

D

Que l'ufage du divorce ait fubfifté parmi les pre-miers Fidels, c'eft ce qui eft prouvé d'abord par la premiere apologie de Saint Juftin, Martyr, qui rap-porte, (page 42,) qu'une femme qui avoit embraffé la Religion Chrétienne, & dont le mari étoit adonné à toutes fortes de vices, fit divorce avec lui, dans la crainte qu'en y reftant elle ne participât à fon iniquité. *Illa verita fi de cetero eodem cum illo lecto , eademque uteretur mensâ , ne impietatis quoque ejus particeps fieret, MISSO EI REPUDII LIBELLO , ab eo fejuncta eft.*

Cet exemple prouve inconteftablement deux chofes : la premiere, que le billet de divorce étoit alors en ufage dans l'Eglife. *Miffo ei repudii libello, &c.* La feconde, qu'il étoit permis aux Chrétiens d'y avoir recours pour les caufes exceptées dans l'Evangile, & qu'il y avoit même des raifons de pieté & de conf-cience qui devoient les y porter.

Ce faint Apologifte ne nous dit pas, il eft vrai, fi cette femme fe remaria enfuite, ni même s'il étoit permis de le faire ; mais il eft évident par ce Texte, que le divorce ufité alors chez les Chrétiens, étoit le même, à cet égard, qu'il avoit été autrefois chez les Juifs; d'où il réfulte, que conféquemment ils devoient avoir la même liberté qu'eux de fe remarier enfuite. Ce fait d'ailleurs eft certain par le dix-feptiéme Canon des Apôtres, qui conformément à la regle prefcrite, de n'ordonner dans les gens mariés que ceux qui auroient époufé une vierge, déclare incapable des Ordres celui qui a époufé une veuve ou une femme féparée par le divorce. *Qui viduam duxit aut divortio feparatam à viro . . . . ex confortio Sacerdotali effe non poteft.* Can. **17**, Apoft. *Gregorio Holoandro , interprete.* Il étoit donc autant permis alors d'époufer une femme féparée par le divorce, qu'une veuve.

Enfin cela eſt poſitivement atteſté par Tertullien dans ſon ſecond Livre, *ad uxorem, cap.* 1. Cet Auteur avoit conſeillé à ſa femme dans le premier Livre qu'il lui avoit adreſſé, de ne point ſe remarier après ſon décès : dans celui-ci il l'exhorte, ſi elle ſe remarie, à ne pas ſuivre l'exemple de certaines femmes Chré-tiennes, que la mort de leur mari, ou le divorce, avoient rendues libres, & qui s'étoient remariées à des Infidels, contre la défenſe de Saint Paul : *Nunc ad ſecunda conſilia convertamur, reſpectu humanæ infirmi-tatis, quarumdam exemplis admonentibus, quæ* DIVOR-TIO, *vel* MARITI EXCESSU, *oblata continentiæ occaſione, non modo abjecerunt opportunitatem tanti boni, ſed ne in nubendo quidem rurſum diſciplinæ meminiſſe voluerunt, ut in Domino potiſſimum nuberent.* Voilà qui eſt déciſif. Les femmes ſe marioient auſſi librement après le di-vorce qu'après la mort de leurs maris.

Tertull. lib. 2; ad uxorem, cap. 1.

Ces femmes, dont parle Tertullien, étoient ſans doute repréhenſibles de contrevenir au précepte de l'Apôtre en ſe mariant ainſi à des Infidels : auſſi eſt-ce là le ſujet du reproche que Tertullien leur fait en cet endroit, & non pas de ce qu'elles ſe marioient après le divorce ; car, ſuivant cet Auteur, le divorce rom-poit le lien ; nous venons de le voir à l'inſtant : & il le ſoutient affirmativement, dans le cas même de l'a-dultere, dans ſon quatriéme Livre contre Marcion, où il prouve contre cet Hérétique, que Jeſus-Chriſt qui défend le divorce dans l'endroit que nous venons de citer, & Moyſe qui le permet, ne ſont pas con-traires, par deux raiſons : la premiere, parce que Jeſus-Chriſt ne le défend que conditionnellement ; d'où il conclut qu'il l'a permis en quelque circonſtance, comme lorſque la cauſe pour laquelle il l'avoit dé-

Id. lib. 4, cont. Marcion. cap. 34. fendu, ceſſe: *Dico enim illum conditionaliter tunc feciſſe divortii prohibitionem ... Ita ſi conditionaliter prohibuit, non in totum prohibuit, & quod non prohibuit in totum permiſit aliàs, ubi cauſa ceſſat ob quam prohibuit.* La ſeconde, parce que Jeſus-Chriſt, loin d'enſeigner rien d'oppoſé à Moyſe, conſerve au contraire en partie ſon précepte: *& jam non contrarium Moyſi docet, cujus preceptum alicubi conſervat;* ce qui prouve que cet Auteur penſoit que J. C. avoit permis le divorce dans le cas d'adultere, au même ſens que Moyſe; ou plutôt, qu'il avoit laiſſé ſubſiſter le précepte de Moyſe dans le cas d'adultere: or il eſt certain que le divorce permis par Moyſe étoit diſſolutif du lien. Auſſi Tertullien ſoutient-il au même endroit que celui autoriſé par Jeſus-Chriſt dans le cas de l'exception dont il s'agit, produit le même effet. *Ceterum preter ex cauſa adulterii, nec Creator disjungit quod ipſe ſcilicet conjunxit.* Lib. 4, *contrà Marcion.* ch. 34.

Sentiment des Peres ſur le Divorce en cas d'adultere. Ce ſentiment au reſte n'eſt pas particulier à Tertullien. C'eſt auſſi celui des plus anciens Auteurs & des premiers Peres qui ont interprété en ce ſens cette exception de Jeſus-Chriſt, *niſi ob fornicationem;* & c'eſt ſur ce fondement qu'ils ont permis le divorce, & de ſe remarier en cas d'adultere.

Origenes. Origenes, ce célebre Interprete, Diſciple de Saint Clement, qui avoit vû les Apôtres, ne doutoit pas que l'adultere ne donnât au mari le pouvoir de rompre le mariage: *Servator noſter,* dit-il, *in Matth.* page 648, *haud quaquam connubii ſolvendi, propter ullum aliud flagitium, facultatem concedens, quam ſolam fornicationem in uxore deprehenſam: ſic ait, omnis qui dimiſerit uxorem ſuam, excepta fornicationis cauſa, facit eam mechari.* Il ſemble même en d'autres endroits,

qu'il auroit voulu étendre cette exception à d'autres
défordres plus graves que l'adultere. *Talia enim*, dit-il,
mulieris fuſtinere peccata quæ pejora funt adulteriis &
fornicationibus, irrationabile eſſe videbitur. En quoi il
paroîtroit avoir été fuivi par Saint Epiphane , *Hæreſ.*
59 , n. 4 ; car non-feulement il permet aux maris de
quitter leurs femmes & de fe remarier , foit en cas d'a-
dultere ou de quelqu'autre crime plus grief ; mais il
accorde de plus la même liberté aux femmes envers
leurs maris. *Cui una mortua non ſufficit, cum occaſione*
aliqua ſtupri adulteriique , aut alterius flagitii, cum ea
divortium fecerit, is ſi alteram uxorem duxerit, aut alteri
viro mulier nupferit, ſacrarum Litterarum authoritas ab
omni culpa abſolvit , neque ab Eccleſia aut æterna vita
rejicit , ſed propter imbecillitatem tolerandos exiſtimat.
Non ita tamen duas, ut altera ſuperſtite , uxores ſimul
habeat , ſed ut ab una feparatus , alteram ſibi legitime , ſi
libet , adjungat.

Lactance , lib. 6 , cap. 23 , *de Cultu Divino*, fou- Lactance.
tient auſſi que le crime excepté dans l'Ecriture donne
lieu à la diſſolution du lien. *Hæc funt*, dit-il , *quæ ad*
continentiam præcipiuntur à Deo. Sed tamen ne quis di-
vina præcepta circumfcribere fe putet poſſe, addantur &
illa , ut omnis calumnia & occaſio fraudis removeatur ,
adulterum eſſe qui à marito dimiſſam duxerit , & eum qui
PRETER CRIMEN ADULTERI *uxorem dimiferit ut aliam*
ducat.

Saint Ambroife , fur Saint Luc , liv. 8 , ch. 16 , n. 5 ; Saint Ambroiſe.
ne reprend que ceux qui font divorce fans caufe : *Di-*
mittis uxorem quaſi jure, SINE CRIMINE, *& putas id*
tibi licere , quia lex humana non prohibet. Ce qui prouve qu'il ne trouvoit pas illicite qu'on le fît avec juſte
caufe , c'eſt-à-dire dans le cas marqué par l'Evangile.

Saint Auguftin. Saint Auguftin, *de Sermone Domini in monte,* liv. 1, ch. 16, nomb. 50, dit qu'il faut que la fornication foit un bien grand mal, puifqu'encore que le lien du mariage foit fi fort, c'eft la feule caufe exceptée dans l'Evangile qui puiffe le rompre. *Sed in hoc Evangelii capitulo* (Matthieu, ch. 5, v. 32) *nihil fortius confiderandum eft, quàm tantum malum effe fornicationis, ut cum tanto vinculo fibi conjugia conftringantur, hæc una caufa* SOLUTIONIS *excepta fit.*

S. Chryfoftome. Suivant Saint Chryfoftome, le mariage eft rompu par l'adultere, & le mari perd à l'inftant fa qualité d'époux. *Illic jam folutum eft matrimonium.... Poft fornicationem, maritus non eft maritus,* premiere Epît, Cor. ch. 7, v. 15, Homil. 19.

Theodoret. Theodoret, Evêque de Cir, ne s'explique pas moins clairement fur l'exception dont il s'agit : *Naturæ opifex,* dit-il, *folvi matrimonium vetat : Unicamque hujus dirimendi caufam affignavit, eam quæ maritalem copulam verè divellit. Omnis enim qui dimittit uxorem fuam, excepta fornicationis caufa, mechatur, quibus verbis cetera uxoris vitia ferri jubet, feu loquax fit illa, feu tumulenta, feu vitiata. Sin vero leges nuptiarum tranfiliat, tunc denique copulam folvi jubet.* Theodoret, Orat. 9 de legib. tom. 4 pag. 619.

Saint Aftere. Enfin Saint Aftere, Evêque d'Amazée, reprend les Chrétiens de fon tems, de ce que marchant fur les traces des Pharifiens, ils changeoient auffi facilement de femmes que d'habits, & il les avertit qu'il n'y a que deux cas où ils le puiffent faire légitimement ; fçavoir la mort ou le divorce. *Verum quoque vos Pharifeorum inftitores,* dit-il, *qui feu veftes fubinde uxores mutatis.... Qui levi ftatim offenfione repudii libellum confcribitis.... Hoc vero ratum ac omnino perfuafum habet,* EXCEPTIS

*MORTE AC ADULTERIO , nullâ ex caufâ matrimonium di-
rimi.* Saint Aftere , homil. de repudio, Biblioth. Com-
bef. tom. 1, pag. 82.

Ces autorités font fi claires & fi précifes, qu'il feroit
inutile d'en citer un plus grand nombre ; & il doit demeurer pour conftant que dès ces premiers fiécles l'u-
fage du divorce, dans le cas de l'exception dont il
s'agit , s'eft introduit dans l'Eglife, & y a été autorifé
par les Peres & les Auteurs dont on vient de rapporter
les fuffrages. On va voir à l'inftant que les décifions
de plufieurs Conciles y ont été conformes.

Décifions des
Conciles fur l'a-
dultere.

C'eft ce qui eft prouvé d'abord par le troifiéme
Canon du Concile d'Elvire , tenu en l'année 305 ,
qui refufe la Communion à toute femme qui fans jufte
caufe auroit quitté fon mari pour en époufer un autre :
*Feminæ quæ , nullâ precedente caufâ , viros fuos relique-
rint & aliis fe copulaverint , nec in fine communionem accipiant.* Il y avoit donc, felon les Peres de ce Concile,
des caufes juftes & légitimes pour lefquelles les femmes pouvoient abandonner leurs maris , puifqu'ils ne
condamnent que celles qui le font fans caufes ; & l'on
verra dans un moment qu'il met au nombre de ces
caufes le cas même où fe trouve Levi.

Concile d'El-
vire, Canon 3.

Le dixiéme Canon du Concile d'Arles tenu en 314,
ne veut pas qu'on défende aux jeunes gens mariés qui
ont furpris leurs femmes en adultere, de fe remarier ,
elles vivantes; mais il permet qu'on leur en donne le
confeil : *De his qui conjuges fuas in adulterio depre-
hendunt & iidem funt adolefcentes fideles , & prohibentur
nubere , placuit ut in quantum poffit confilium eis detur
ne viventibus uxoribus fuis licet adulteris, alias accipiant.*
Les Peres de ce Concile fe feroient bien gardés fans
doute de faire une pareille défenfe, s'ils n'euffent pas

Concile d'Arles,
Canon 10.

cru, en ce cas, le mariage fufceptible de diffolution, &
qu'il n'eût pas été permis d'en contracter un nouveau.

Synode d'Irlande
fous Saint Patrice,
Canon 26.

Le vingt-fixiéme Canon du Synode d'Irlande, tenu
fous Saint Patrice, dans le même tems à-peu-près que le
Concile d'Elvire, explique l'exception de Jefus-Chrift
dans le même fens que les Peres dont on vient de rapporter les autorités, & fuppofent également qu'il eft
permis de fe remarier en cas d'adultere. *Audi Dominum
dicentem.... non licet viro dimittere uxorem, nifi ob caufam
fornicationis : ac fi dicat, ob hanc caufam. Unde fi ducat
alteram, velut poft mortem prioris, non vetant.*

Concile de Soif-
fons, Canon 9.

On trouve la même décifion dans le neuviéme Canon du Concile de Soiffons, tenu en 744. *Similiter
conftituimus.... nec marito vivente, fuam mulierem alius
accipiat, aut mulier vivente vero alium accipiat, quia maritus mulierem fuam non debet dimittere, exceptâ caufâ
fornicationis deprehenfæ.*

Concile de Ver-
merie, Can. 18.

Le dix-huitiéme Canon du Concile de Vermerie,
tenu en 752, décide qu'un mari qui a abufé de la cou-
fine de fa femme, doit être privé de fa propre femme,
& permet à celle-ci de fe remarier. *Qui cum confobrina
uxoris fuæ manet, fua careat & nullam aliam habeat, illa
mulier quam habuit, faciat quod vult.*

Concile de Com-
piegne, Can. 6.

Le Concile de Compiegne tenu en 757, établit
auffi la même difcipline.

Le fixiéme Canon permet à un mari qui croyoit
époufer une Vierge, de la renvoyer & d'en époufer
une autre, s'il eft trompé. *Si quis uxore accepta invenit
eam à fratre contaminatam, ipfam dimittens accepit
aliam, ipfamque contaminatam invenit, uxor illius legitima eft, propterea, quia nec ipfe virgo fuit illo tempore.
Quod fi tertiam poftea acceperit, revertat ad medianam.*

Can. 8.

Le huitiéme Canon décide nettement qu'un mari,

en

en cas d'adultere de fa femme avec fon frere, eft en droit d'en époufer une autre. *Si quis homo habet mulie-rem legitimam, & frater ejus adulteraverit cum ea, ille frater vel illa femina qui adulterium perpetraverunt, inte-rim quo vivunt, nunquam habeant conjugium; ille cujus uxor fuit, fi vult, poteftatem habet accipere aliam.*

Le dixiéme Canon permet la même chofe à un fils qui auroit époufé une femme dont fon pere auroit abufé. *Si pater fponfam filii fui opprefferit, & poftea filius ipfam acceperit, pater ejus poftea non habeat uxo-rem, & ipfa fœmina non habeat virum, quia non dixit quod pater ejus cum ipfâ manfiffet : filius vero ejus qui nefciens fecit, accipiat mulierem legitimam.* Canon 10.

Le quatorziéme Canon défend à celui qui a connu charnellement la mere & la fille de fe marier; s'il le fait, les Peres de ce Concile lui enjoignent de ren-voyer fa femme, & permettent à celle-ci de fe rema-rier. *Si quis cum matre & filiâ in adulterio manfit.... poftea ille vir fi acceperit mulierem, dimittat : ufque in diem mortis fuæ non habeat uxorem : & illa mulier quam reliquerit, accipiat virum....* Canon 14.

Pareille décifion dans le quinziéme Canon à l'égard de celui qui a abufé des deux fœurs. *Similiter & de duabus fororibus, &c.* Canon 15.

Voilà donc une premiere exception à l'indiffolu-bilité du mariage, reconnue par les autorités les plus refpectables en France, en Efpagne, en Angleterre, & même en Italie & en Afrique, car il y avoit des Evêques de ces deux dernieres Eglifes dans le Concile d'Arles. On fçait d'ailleurs que telle eft encore la dif-cipline actuelle de l'Eglife Grecque.

Faut-il donc s'étonner fi après tant de fuffrages fi vénérables, les premiers Empereurs Chrétiens ont au-

E

torifé le divorce en cas d'adultere, & de fe remarier
enfuite, comme on le voit par la Loi de Conftantin
en 331, par celle de Honorius & de Theodofe en 421,
& par celle d'Anaftafe en 497, rapportées *lib. 3, cod.
Theod. tit. 16 de repudiis.* Ces Empereurs qui avoient
eu la force de détruire l'Idolâtrie, de ruiner les Tem-
ples, de renverfer les Idoles, auroient-ils laiffé fubfifter le divorce, fi l'ufage n'en avoit pas été autorifé
dans l'Eglife quand ils y font entrés? Et s'ils ont porté
leur exactitude en fait de Religion, jufqu'à interdire
les fpectacles & tout ce qui pouvoit déplaire à Dieu &
corrompre les mœurs, fe feroient-ils élevés avec moins
de force contre un abus auffi criminel? L'un auroit été
inconteftablement plus facile que l'autre. Peut-on même fuppofer que les Evêques qu'ils confultoient dans
ces matieres, ne s'y fuffent pas oppofés.

Ces Loix feules qui réuniffent le fuffrage des deux
Puiffances, font donc une preuve triomphante de ce
qu'on a entrepris de prouver.

Dira-t-on, comme certains Auteurs, que l'Eglife
n'a fait ces Canons favorables au divorce que par condefcendance, & pour ne pas contredire les Loix Im-
périales qui le permettoient? Ce feroit donner atteinte
à la fainteté & à l'infaillibilité de l'Epoufe de J. C. En
combien de rencontres ne voyons-nous pas d'ailleurs
qu'elle s'eft oppofée aux Loix des Empereurs, lorfqu'elles ont été contraires à la pureté de fa doctrine &
de fa difcipline? Et que peut-il y avoir de plus oppofé,
que de permettre des mariages qui auroient été expreffément défendus, & déclarés véritables adulteres
par Jefus-Chrift lui-même? D'ailleurs comment fuppofer férieufement qu'un tel abus eût commencé fitôt
dans l'Eglife, & qu'il y eût fubfifté fi long-tems, fans

avoir jamais été condamné par aucun Concile général?
L'Eglife auroit-elle été moins vigilante à cet égard,
que fur une quantité d'autres points beaucoup moins
importants? Et ne voit-on pas enfin, dans ces décifions
des Conciles, que leur motif eft appuyé principalement
fur la parole de Jefus-Chrift, de même que les autorités des Peres & des Auteurs qu'on a ci-devant rapportées? Ce feroit perdre du tems que de s'étendre davantage pour réfuter une auffi foible objection.

Au refte, le divorce en cas d'adultere n'étoit pas
dans les premiers fiécles la feule exception à l'indiffolubilité du mariage. En voici plufieurs autres dont on
voit également les preuves dans les Conciles que nous
venons de citer.

*Autres excep-
tions à l'indiffo-
lubilité du maria-
ge.*

Une femme avoit-elle attenté à la vie de fon mari:
le cinquiéme Canon du Concile de Verberie permet
au mari de la renvoyer & d'en époufer une autre. *Si
qua mulier mortem viri fui cum aliis hominibus concilia-
vit.... ille vir poteft ipfam uxorem dimittere, & fi voluerit,
aliam accipiat.*

*Concile de Ver-
berie.*

Canon 5.

Un homme libre avoit-il époufé une Servante pour
une Affranchie, & cette femme avoit-elle été réduite
en efclavage: fi elle ne pouvoit pas être rachetée, il
étoit libre au mari, fuivant le fixiéme Canon de ce
Concile, d'en époufer une autre, & de même la femme à l'égard du mari. *Si quis ingenuus homo ancillam
uxorem accepit pro ingenuâ, fi ipfa fœmina poftea fuerit
infervita, fi redimi non poteft, fi ita voluerit, liceat ei
aliam accipere. Similiter & mulier ingenua fi fervum accipiat pro ingenuo, & poftea pro qualicumque caufâ in-
fervitus fuerit, nifi pro inopia fame cogente fe vendiderit,
& ipfa hoc confenferit, & de pretio viri fui à fame libe-
rata fuerit, fi voluerit poteft eum dimittere,* ET SI SE CON-
TINERE NON POTEST, *alium ducere.*

Canon 6.

E ij

Lorſque quelqu'un étoit obligé par quelque néceſſité indiſpenſable d'aller dans des Pays éloignés, & que ſa femme le pouvant, refuſoit de le ſuivre ; dans ce cas il étoit défendu à cette femme de ſe marier ; mais pour ſon mari qui s'étoit ſéparé d'elle malgré lui, on lui permettoit, en le ſoumettant à une pénitence, d'épouſer une autre femme, s'il ne pouvoit pas ſe **Canon 11.** contenir. Telle eſt la déciſion du onziéme Canon de ce Concile : *Si quis, neceſſitate inevitabili cogente, in alium Ducatum ſeu Provinciam fugerit, aut ſeniorem ſuum cui fidem mentiri non poterat, ſecutus fuerit, & uxor ejus, cum valet & poteſt, amore parentum aut rerum ſuarum, eum ſequi noluerit ; ipſa omnimodo tempore quamdiu vivit, ſemper innupta permaneat. Nam ille vir ejus qui neceſſitate cogente, in alium locum fugit,* SI SE ABSTINERE NON POTEST, *aliam uxorem cum pœnitentia poteſt accipere.*

Concile de Compiegne.
Canon 5. Le cinquiéme Canon du Concile de Compiegne admet la diſſolution du mariage, en cas d'erreur de la qualité de la perſonne. *Si francus homo acciperit mulierem & ſperat quod ſit ingenua, & poſtea invenit quod non ſit ingenua, dimittat eam ſi vult & accipiat aliam. Similiter ſi fœmina ingenua accipit ſervum.... una lex eſt de viris & de fœminis.*

Canon 13. Le treiziéme Canon permet à un homme qui renvoye ſa femme & qui lui donne la liberté d'entrer en religion, d'en épouſer une autre. *Si quis vir mulierem ſuam dimiſerit, & dederit commeatum religionis cauſâ infra monaſterium deſervire, aut foras monaſterium dederit licentiam velare, ſicut diximus, propter Deum ; vir illius accipiat mulierem legitimam. Similiter & mulier faciat, Gregorius conſenſit.*

Canon 16. Le ſeiziéme Canon autoriſe une femme qui a une mari lépreux à fe remarier, s'il veut lui en donner la permiſſion ; & il permet la même choſe à l'égard du mari. *Si vir leproſus mulierem habet ſanam, ſi vult ei donare commeatum ut accipiat virum, ipſa fœmina ſi vult accipiat ; ſimiliter & vir.*

Enfin on trouve dans Marculphe une Formule de divorce qui étendoit la diſſolution du mariage beaucoup plus loin. Voici ce qu'elle contient. Le Lecteur en jugera.

Dum inter illum & conjugem ſuam illam, non charitas ſecundum Deum, ſed diſcordia regnat, & ob hoc converſare minime poſſint ; placuit utriuſque voluntate, ut ſe à CONSORTIO *ſeparare deberent : quod ita fecerunt. Propterea has Epiſtolas inter ſe uno tenore conſcriptas, fieri & adfirmare decreverunt, ut unuſquiſque ex ipſis, ſive ad ſervitium Dei in Monaſterio,* AUT COPULÆ MATRIMONII SOCIARE SE VOLUERINT, *licentiam habeat, & nullam requiſitionem, ex hoc, de parte proximi ſui habere non debeat... faſta Epiſtola ſub die illo.... anno illo.... regnante illo....*

Formule du divorce ſuivant Marculphe, livre 2, ch. 30.

Il eſt donc certain qu'outre le divorce, il y a eu en différens tems dans l'Egliſe, pluſieurs autres exceptions à l'indiſſolubilité du mariage. Les Canons que nous venons de rapporter & la Formule de Marculphe, ne permettent pas d'en douter ; & il ne ſerviroit de rien d'objecter que cette diſcipline a été réformée par les Peres aſſemblés à Trente, & qu'elle ne ſubſiſte plus aujourd'hui. Cette objection bien loin de nuire à ce que l'on vient d'établir, en devient au contraire la preuve la plus évidente : c'eſt avoüer l'uſage que de dire qu'on l'a réformé.

Il y a, de plus, deux obſervations à faire ſur la déciſion des Peres de Trente ; la premiere, qu'ils n'ont jamais entendu condamner les uſages différens de l'Egliſe greque dans laquelle plusieurs de ces exceptions sont encore en vigueur, & spécialement celle de l'adultere. La seconde, que ce Concile a lui-même confirmé une des exceptions dont on a ci-devant parlé, en frappant d'anathême ceux qui prétendroient aujourd'hui que le mariage fait & non consommé ne seroit pas rompu par la profession en religion. *Si quis dixerit matrimonium ratum & non consummatum, per solemnem religionis professionem alterius conjugum non dirimi :* AN A-THEMA SIT.

Concile de Trente seff. 24, Can. 6.

Voilà donc, de l'aveu même des Peres de ce Concile, une exception actuellement subsistante à l'indissolubilité du lien du mariage ; & si nous y joignons cette foule d'empêchemens dirimants que tous les Théologiens & Canonistes soutiennent être autant de causes de dissolution du lien, *connubia facta retractant,* peut-on contester la proposition que nous soutenons, qu'il y a toujours eu dans tous les tems des exceptions à l'indissolubilité du mariage. Mais ce seroit n'avoir rien prouvé en faveur de Levi, si on n'établissoit en même-tems qu'il est lui-même aujourd'hui dans le cas d'une de ces exceptions : c'est l'objet de la seconde proposition.

DEUXIE'ME PROPOSITION.

Une des exceptions à l'indissolubilité du mariage, c'est le refus du Conjoint Infidele de continuer à co-habiter avec le Conjoint converti.

Cette proposition est si clairement établie par Saint Paul dans sa premiere Epître aux Corinthiens, qu'il est étonnant qu'on ose la contester aujourd'hui. Cet

Apôtre, uniquement occupé dans ce chapitre à répon-
dre aux queſtions que les Chrétiens de Corinthe lui
avoient faites ſur le mariage, leur donne différens avis
importants ſur cette matiere.

D'abord il enviſage les riſques de l'incontinence; il
conſeille en conſéquence à chaque homme d'avoir ſa
femme, & à chaque femme d'avoir ſon mari; & il leur
preſcrit aux uns & aux autres les devoirs de leur état.
Vir uxori debitum reddet; ſimiliter & uxor viro. ℣. 3....
Nolite fraudare invicem. ℣. 5.

Il exhorte les Vierges & les Veuves à demeurer
dans cet état, pourvu qu'elles en ayent la vertu; mais
ſi elles ne l'ont pas, il leur conſeille de ſe marier.
Melius eſt nubere quam uri. ℣. 9.

S'adreſſant enſuite aux Chrétiens déja mariés, il leur
commande, au nom du Seigneur, de ne point ſe ſéparer: *Is autem qui matrimonio junĉti ſint, pracipio*
NON EGO SED DOMINUS, uxorem à viro non diſcedere. ℣.
10. Néanmoins comme il pouvoit y avoir de juſtes
cauſes de ſéparation, en ce cas l'Apôtre le leur permet.
Mais il leur fait enviſager en même-tems qu'ils ſont
aſſujettis à la ſervitude du lien conjugal, parce que le
mariage qu'ils ont contraĉté dans le ſein de l'Egliſe eſt
indiſſoluble, & il leur défend en conſéquence de ſe
remarier: *Quod ſi diſceſſerit, MANERE INNUPTAM,* ℣. 11.

A l'égard de ceux qui avoient été mariés dans l'infidélité, & dont l'un s'étoit depuis converti à la Foi,
il conſeille à la Partie fidelle de ne point ſe ſéparer de
l'infidelle, ſi celle-ci conſent de demeurer en paix
avec la premiere; parce que le mari infidel, dit-il, eſt
ſanĉtifié par la femme fidelle, & de même la femme
infidelle par le mari fidel. *Nam ceteris EGO dico non*
Dominus, ſi quis frater uxorem habet infidelem, & hac

confentit habitare cum illo, non dimittat illam, & fi quæ
mulier fidelis habet virum infidelem, & hic confentit ha-
bitare cum illâ, non dimittat virum. Sanctificatus eſt enim
vir infidelis per mulierem fidelem; & fanctificata eſt mu-
lier infidelis per virum fidelem. Mais, ajoute cet Apôtre, fi l'infidel fe fépare, qu'il fe féparc; le fidel alors
devient libre, il n'eſt plus affujetti dans cette occafion
à la loi ou à la fervitude du mariage qui le lioit avec
une infidelle : *Quod fi infidelis diſcedit, diſcedat : non*
enim SERVITUTI *ſubjectus eſt frater aut foror in hujus*
modi. ℣. 15.

Quel eſt l'objet de cette fervitude dont parle Saint
Paul? Eſt-ce la fervitude du devoir conjugal qu'il avoit
preſcrit aux gens mariés en général dans le 3ᵉ. ℣. *Vir*
uxori debitum reddat : Similiter autem & uxor viro ? Ou
la fervitude du lien conjugal à laquelle il avoit affujetti les Chrétiens dans le 11ᵉ. ℣. *Quod fi diſceſſerit,*
manere innuptam ? En fuivant les regles de la Gram-
maire, il eſt inconteſtable d'abord que cette fervitude
doit fe rapporter à celle du 11ᵉ. verfet, comme plus
prochaine, c'eſt-à-dire à la fervitude du lien; & conféquemment c'eſt de cette fervitude dont le fidel
abandonné fe trouve affranchi, par la défertion du
conjoint infidel. Il eſt vifible que tel eſt le fens de
Saint Paul; car autrement qu'auroit-il voulu dire? Que
l'infidel converti n'eſt plus affujetti au devoir conjugal envers fon conjoint infidel qui fe retire &
refufe de co-habiter ? Voilà en effet ce que prétendent nos Adverfaires. Mais de bonne foi, falloit-il
l'autorité de l'Apôtre pour dégager, dans ce cas, l'infidel converti d'un devoir qu'il n'étoit plus tenu de
rendre ? Ce fidel n'étoit-il pas difpenfé de droit de
ce devoir par la fuite de celui-ci. Et peut-on fuppofer

que

que l'Efprit Saint ait fait dire à cet Apôtre des chofes
auffi deftituées d'objet ? De plus, l'Apôtre venoit de
permettre aux Chrétiens mariés de fe féparer , & de
s'affranchir dans ce cas du devoir conjugal : *Quod fi
difcefferit manere innuptum* ; & fi cela étoit permis à
l'égard d'un Chrétien, à plus forte raifon à l'égard
d'un Infidel qui refufoit la cohabitation ; & il étoit
inutile que Saint Paul le répetât. Il n'eft donc pas
poffible que ce foit-là le fens des paroles de l'Apôtre :
donc cette fervitude ne peut & ne doit s'entendre que
du lien même du mariage dont Saint Paul a affranchi
l'Infidel converti dans cette circonftance. Ce qui le
confirme, c'eft que l'expreffion employée par Saint
Paul en cet endroit, *non eft fervituti fubjectus*, eft pré-
cifement la même que *folutus eft* & *liberatus eft*, dont
cet Apôtre fe fert, V. 27 & 39 de ce chapitre, pour
exprimer un affranchiffement parfait du lien conjugal : car être délié, être libre, ou n'être point efclave,
c'eft la même chofe.

Pourquoi d'ailleurs Saint Paul s'énonce-t'il fi différemment dans les avis qu'il donne aux uns & aux autres ? Parle-t'il aux Chrétiens ? Ce n'eft pas lui , mais
le Seigneur qui leur ordonne : *Præcipio NON EGO fed
DOMINUS*. S'adreffe-t'il au-contraire aux Infidels convertis ? Ce n'eft plus le Seigneur qui commande,
mais Saint Paul feul qui confeille : *Ego dico, NON
DOMINUS*. Pourquoi encore une fois cette différence
fi prodigieufe dans l'expreffion ? C'étoit fans doute
parce qu'il avoit quelque chofe de bien différent à
dire aux uns & aux autres. Cependant fi la fervitude
dont il eft parlé dans le V. 15 , ne s'entend que du
devoir conjugal & de l'habitation ; dèflors plus de
différence entre ces deux avis. Pour le rendre fenfible

F

nous allons ranger ces deux avis fous deux colonne oppofées, afin de mieux juger de leur rapport & de leurs différences.

AVIS DE SAINT PAUL.

Aux CHRÉTIENS MARIÉS *dans le Chriſtianiſme.*	*Aux* INFIDELS CONVERTIS *mariés dans l'infidelité.*
℣. 10. *Iis autem qui matrimonio juncti ſunt,*	℣. 12. *Nam ceteris*
Prœcipio non ego, ſed DOMINUS,	*Ego dico* NON DOMINUS.
Uxorem à viro non diſcedere.	*Si quis frater uxorem habet Infidelem,& hæc conſentit habitare cum illo, non dimittat illam ….*
℣. 11. *Quod ſi diſceſſerit,*	℣. 15. *Quod ſi infidelis diſcedit,*
Manere innuptam.	*Diſcedat; non enim ſervituti ſubjectus eſt frater & ſoror in hujus modi.*

Il eſt évident par la comparaiſon de ces deux avis, qu'il ne peut y avoir de différence qu'entre les deux derniers membres, & qu'il n'y en auroit aucune, ſi l'infidel converti étoit aſſujetti à ne pouvoir ſe remarier, *manere innuptum*, de même que le Fidel : c'eſt donc de cette ſervitude dont il eſt délivré par la déſertion du Conjoint infidel : On en peut d'autant moins douter, que ſi Saint Paul eût eu intention d'interdire au Conjoint converti, dans ce cas, la liberté de ſe remarier, il n'auroit pas manqué de lui impoſer la condi-

tion, en fe féparant de l'Infidel, de garder la continence, *manere innuptum*, comme il venoit de le faire
à l'égard des Chrétiens qui vouloient fe féparer : mais
bien-loin de parler de cette condition, Saint Paul lui
déclare au-contraire qu'il eft libre, qu'il n'eft plus
affujetti à la fervitude en cette rencontre : il eft donc
vifible que cette fervitude eft celle même du lien,
manere innuptum, qu'il venoit à l'inftant d'impofer
aux Chrétiens. Cela eft inconteftable par la comparai-
fon de ce qu'il dit aux uns & aux autres. De cette maniere, il n'eft plus étonnant qu'il fe foit énoncé fi différemment, puifqu'il avoit à donner des avis fi différens.

Mal-à-propos a-t-on donc objecté à l'audience, la pa-
rité d'expreffion entre le *quod fi difcefferit* du ℣. 11, &
le *difcedat* du ℣. 15; pour en conclure que l'Apôtre n'a
entendu parler que d'une féparation d'habitation dans
le dernier verfet, de même que dans le premier. Le
terme eft le même, cela eft vrai, mais le fens en eft
bien différemment déterminé par ce qui fuit dans chaque verfet, *manere innuptum*, d'un côté ; &, *non eft
fervituti fubjectus*, de l'autre. Car c'eft par-là qu'il en
faut juger. Ainfi dans le ℣. 11 le *difcefferit* eft reftraint
à la féparation d'habitation, à caufe du *manere innuptum*, qui impofe aux Chrétiens mariés l'obligation,
s'ils fe féparent, de ne point fe remarier. Dans le
℣. 15 au-contraire, le *difcedat* s'entend d'une féparation de lien, à caufe du *non eft fervituti fubjectus*, qui
préfentant un fens oppofé au *manere innuptum* du ℣. 11,
fait connoître que l'intention de l'Apôtre a été d'affranchir l'Infidel converti de cette obligation impofée
aux Chrétiens mariés, & de lui permettre par conféquent de contracter un nouveau mariage dans le cas
de refus de l'autre conjoint Infidel de cohabiter avec
lui. F ij

Tel eſt le ſens qu'ont donné à ce texte de l'Apôtre preſque tous les Peres & les Auteurs tant anciens que modernes. Tous y ont remarqué une exception en faveur de l'Infidel converti, à l'indiſſolubilité du mariage qu'il avoit contracté dans l'infidelité : Et c'eſt ſur le fondement de cette déciſion de l'Apôtre que s'eſt établie cette diſcipline conſtante, autoriſée par pluſieurs Conciles, & pratiquée aujourd'hui dans l'Egliſe univerſelle, de permettre à l'Infidel converti de contracter un nouveau mariage, quand il eſt abandonné de l'autre conjoint qui perſévere dans l'infidelité.

Sentiment des Peres ſur la diſſolution du Mariage des Infidels.

Saint Ambroiſe entr'autres ne doutoit pas de cette vérité. Ce paſſage de l'Apôtre lui paroiſſoit déciſif pour la diſſolution du mariage ; car il l'employe dans ſon Commentaire ſur ſaint Luc, *lib.* 8., *n.* 2, pour détruire la prétention de ceux qui ſoutenoient que tout mariage en général étoit indiſſoluble. Il y en a qui s'imaginent, dit-il, que tout mariage vient de Dieu, principalement parce qu'il eſt écrit, que l'homme ne doit point ſéparer ce que Dieu a uni : D'où ils concluent que ſi tout mariage vient de Dieu, donc tout mariage eſt indiſſoluble : *Quidam enim putant omne conjugium à Deo eſſe, maximè quia ſcriptum eſt : Quæ Deus conjunxit homo non ſeparet. Ergo ſi omne conjugium à Deo eſt, omne conjugium non licet ſolvi.* Voilà bien l'objection de nos Adverſaires. Saint Ambroiſe la détruit par ce texte même de ſaint Paul, & par l'exemple de l'Infidel converti dont le mariage eſt rompu : *Et quomodo Apoſtolus dixit : QUOD SI INFIDELIS DISCEDIT DISCEDAT . . . In quo & mirabiliter oſtendit non à Deo omne conjugium.* On ne peut rien de plus précis pour juger du ſens que ſaint Ambroiſe donnoit à ce paſſage.

S. Ambroiſe.

Ce Pere avoit d'ailleurs un autre principe d'après
lequel il ne pouvoit gueres juger différemment du
mariage des Infidels. Puifque le mariage , dit-il , doit
être fanctifié par la bénédiction du Prêtre ; comment
pourroit-il y en avoir un véritable entre ceux qui
n'ont pas la foi ? *Cum ipfum conjugium velamine Sacerdotali & benedictione fanctificari oporteat ; quomodo
dici poteft conjugium inter quos non eft fidei concordia.*
Dix-neuviéme lettre à Vigile, édit. de 1690. Il eft
évident, par ce texte, que ce Pere ne reconnoiffoit
de mariages véritablement indiffolubles, que ceux qui
étoient revêtus de la dignité de Sacrement.

Ce fentiment eft auffi celui de faint Auguftin qui
l'a établi dans plufieurs de fes Ouvrages, & furtout
dans fon Livre de *Bono conjugali*, où il femble qu'il
ait pris plaifir à le retracer à chaque page (a). Auffi
ce Pere foutient-il de même que faint Ambroife, que

Saint Auguftin.

(a) *Sanctus Auguftinus de Bono conjugali , cap. 7 , n. 6 , ufque à Deo fœdus
illud nuptiale cujufdam SACRAMENTI RES EST ut nec ipfa feparatione irritum
fiat . . . . Ibid. n. 7. Quod tamen fi non licet (dimittere fterilem) ficut
divina regula præfcribere videtur , quem non faciat intentum quid fibi velit
tanta firmitas vinculi conjugalis? QUOD NEQUAQUAM PUTO TANTUM VALERE
POTUISSE, nifi rei majoris ex hac infirma mortalitate hominum QUODDAM
SACRAMENTUM ADHIBERETUR , quod deferentibus hominibus atque id DIS-
SOLVERE cupientibus , inconcuffum illis maneret ad pœnam fi quidem inter-
veniente divortio non aboletur illa confœderatio nuptialis , ita ut fibi fint
conjuges etiam feparati . . . . NEC TAMEN NISI IN CIVITATE DEI
NOSTRI IN MONTE SANCTO EJUS TALIS EST CAUSA CUM UXORE.*
Nomb. 17. *Semel autem initum connubium in Civitate Dei noftri ubi etiam
ex prima duorum hominum copula quoddam SACRAMENTUM nuptiæ gerunt ,
nullo modo poteft nifi alicujus eorum morte diffolvi. Manet enim vinculum
nuptiarum etiam fi proles cujus caufa initum eft manifefta fterilitate non
fubfequatur.*
Nomb. 32. *Bonum igitur nuptiarum per omnes gentes atque omnes homi-
nes in caufa generationis eft, & in fide caftitatis : quod autem ad Populum
Dei pertinet , etiam in SANCTITATE SACRAMENTI per quam nefas eft etiam*

le mariage des Infidels peut être diſſous dans le cas dont il s'agit : voici comme il s'en explique dans ſon premier Livre *de adulterinis conjugiis , cap.* 1 3 , *n.* 1 4. Il examine en cet endroit la défenſe que fait ſaint Paul à l'Infidel converti de renvoyer ſon épouſe infidelle , ſi elle conſent d'habiter avec lui ; & il dit que le motif de cette défenſe n'eſt point appuyé ſur la néceſſité de conſerver , en ce cas, le lien du mariage, mais ſur l'eſperance de la gagner à JESUS-CHRIST: *Cur ergo non expediat etiam Infideles conjuges dimitti à Fidelibus, cauſa evidenter expreſſa eſt : NON ENIM PROPTER VINCULUM CUM TALIBUS CONJUGALE SERVANDUM , ſed ut acquirantur in Chriſtum , recedi ab Infidelibus conjugibus Apoſtolus vetat.*

Le même Pere dans ſon Livre *de Fide & Jurib. cap.* 1 6 , *n.* 2 8 , ſur ces paroles de ſaint Paul, *Quod ſi Infidelis diſcedit , &c.* loin de trouver mauvais que l'Infidel converti rompe le lien qui l'unit à ſon épouſe infidelle , lorſqu'elle ne conſent d'habiter avec lui que pour le porter à l'iniquité, le loue au-contraire d'avoir le courage de s'en ſéparer , & de la retrancher comme un Membre qui le ſcandaliſe : *Quod ſi Infidelis diſcedit , diſcedat ; non eſt enim ſervituti ſubjeſtus frater vel ſoror in hujuſmodi. Id eſt, ut . . . . ſi viro ſuo dicat non ero uxor tua , niſi mihi de latrocinio divitias congeras . . . . tunc enim ille cui hoc uxor dicit . . . . . procul dubio plus tenebitur amore divinæ gratiæ , quàm carnis uxoriæ , & membrum quod eum ſcandaliſat , for-*

---

repudio diſcedentem alteri nubere ; dum vir ejus vivit ; nec ſaltem ipſa cauſa pariendi . . . . AD SACRAMENTI SANCTITATEM illud pertinet , uxorem à viro non diſcedere , quod ſi diſceſſerit manere innuptam aut viro ſuo reconciliari . & vir uxorem non dimittat. Hæc omnia bona ſunt propter que nuptiæ bonæ ſunt , proies fides Sacramentum,

titer AMPUTAT. Le terme *amputat* dont se sert ici saint Auguſtin, emporte certainement l'idée d'une diſſolution auſſi réelle que celle d'un membre qui étant coupé & retranché du corps ni tient plus par aucun lien ; ce qui prouve que ce Pere regardoit le mariage de l'Infidel converti, dans ce cas, comme abſolument diſſous : Auſſi en parlant de cette ſéparation violente au même endroit, ſe ſert-il du terme *diremptio : in hac diremptione*, dit-il: expreſſion conſacrée pour marquer la diſſolution du lien. Et s'il n'eût entendu parler que d'une ſimple ſéparation d'habitation, il n'auroit point ajouté, en parlant de ce mariage, *tale connubium ſeparatur :* Car le terme *connubium* exprime le lien même du mariage. (a)

Saint Bazile dans ſon Epître 188 à Amphiloque, Saint Bazile canon 9, ſur cet endroit de ſaint Paul, enſeigne la même Doctrine. Il ne veut pas qu'une Infidelle convertie quitte ſon mari infidel dans l'eſperance qu'en demeurant avec lui elle pourra le convertir. Mais il décide poſitivement que celui qui eſt abandonné eſt excuſable s'il ſe remarie, & que celle qu'il épouſe n'eſt point coupable. *Ab infideli viro non juſſa eſt mulier ſeparari, ſed propter incertum eventum remanere. Quid enim ſcis mulier an virum ſalvum ſis factura? Quare quæ reliquit eſt adultera, ſi ad alium virum acceſſit.* QUI AUTEM RELICTUS EST DIGNUS EST VENIA, & QUÆ UNA CUM EO HABITAT NON CONDEMNATUR.

(a) Voici la ſuite du paſſage de ſaint Auguſtin : *Et membrum quod eum ſcandaliſat, fortiter amputat. Quemcumque autem in hac diremptione dolorem cordis propter carnalem affectum conjugis ſuſtinebit, hoc eſt detrimentum quod patietur, hic eſt ignis per quem ſero ardente ipſe ſalvabitur. Si autem jam ſic habebat uxorem tanquam non habens, non propter concupiſcentiam ſed propter miſericordiam, ne forte eam ſalvam faceret, reddens potius quam exigens debitum conjugale ; profecto nec dolebit caritaliter, cum ab illo tale connubium ſeparabitur.*

On a rapporté ci-devant l'autorité de Saint Chryfoftôme qui, fur ces paroles de l'Apôtre, *nam ceteris
ego dico, &c.* dont il s'agit, décide que l'adultere
rompt le lien du mariage. *Illic jam folutum eft matrimonium ... poft fornicationem maritus non eft maritus.*
Expliquant enfuite ces autres paroles, *fi infidelis difcedit, difcedat,* il dit, que fi l'Infidel refufe de co-habiter
avec le Conjoint converti, ou n'y confent que pour
le rendre participant de fon impieté, le mariage alors
n'eft pas moins rompu que dans le cas d'adultere. *Quid
eft autem fi infidelis difcedit aut feparetur? Ut fi jubet te
facrificare aut effe fociam impietatis propter matrimonium,
aut recedere. MELIUS EST UT DIVELLATUR MATRIMO-
NIUM QUAM PIETAS, & ideò fubjunxit non enim fervituti
fubjectus eft frater aut foror in hujufmodi ... ILLE ENIM
JAM CAUSAM PRÆBUIT SICUT ET QUI FORNICATUS EST.*

C'eft auffi en ce fens que l'Auteur des Commen-
taires des Epîtres de Saint Paul, attribués à Saint
Ambroife, interprete l'endroit dont il s'agit. Si l'Infidel fe fépare, dit-il, en haine de la Religion, le
Fidel n'eft point coupable de la diffolution du mariage,
& ce n'eft point un péché à celui qui eft ainfi abandonné s'il fe remarie. *Si Infidelis odio Dei difcedit,
fidelis non erit reus diffoluti matrimonii ..... ac per hoc
non eft peccatum ei qui dimittitur propter Deum, SI ALII
SE JUNXERIT.*

On ne conteftera pas fans doute que les Peres & les
Auteurs, dont on a ci-devant rapporté les autorités
fur la diffolution du mariage en cas d'adultere, ne
foient de même avis dans le cas de l'infidelité : car,
fuivant Saint Auguftin, *lib.* 1, *de fermone Domini,
cap.* 16, *n.* 44, l'infidelité eft comprife dans ce que
l'Ecriture appelle fornication. *Fornicatio eft ipfa infidelitas ....*

delitas .... *infidelitas fornicatio eft* , *n. 46 ;* & fuivant Saint Chryfoftôme à l'endroit cité , la fornication eft un moindre crime que l'infidelité. *Fornicatio minus eft peccatum quàm infidelitas.* Auffi a-t-on vû dans plufieurs de ces Textes, que la plûpart étendoient la diffolution du lien à d'autres cas que la fornication. Levi eft donc fondé à réclamer leurs fuffrages & à les réunir à ceux qu'il vient de citer fur la queftion dont il s'agit.

Voilà donc, dès les premiers fiécles , les Peres & les Docteurs décidés pour la diffolution du mariage de l'Infidel converti ; & l'on voit que dès ce tems-là même , l'ufage s'en étoit introduit dans l'Eglife. L'exemple déja rapporté de cette Infidelle convertie , dont parle Saint Juftin, qui fit divorce avec fon mari infidel à caufe de fes débauches, en fournit une premiere preuve ; & l'on en trouve une feconde dans la vie de Sainte Thecle, dont Saint Epiphane rapporte, *Hæref.* 78 , qu'elle fit divorce avec fon mari depuis qu'elle eut embraffé le Chriftianifme : car leur auroit-on permis , dans ce cas , le divorce qui rompoit le lien, fi elles n'euffent pas été libres de fe remarier enfuite ? Mais ce qui le confirme, c'eft la décifion qu'on lit à ce fujet dans le dixiéme Canon du Concile d'Elvire , tenu en 305. Voici ce qu'il porte : Concile d'Elvire. Canon 10.

Si la femme que le Cathécumene a abandonnée fe marie, on peut l'admettre au Baptême. Il faut obferver la même chofe à l'égard des femmes Cathécumenes. *Si ea quam Cathecumenus reliquit duxerit maritum , poteft ad fontem lavacri admitti. Hoc & circa fœminas Cathecumenas erit obfervandum ......*

Tout eft à confiderer dans ce Canon : Il renferme trois décifions importantes.

G

La premiere, qu'un Cathécumene pouvoit avoir de justes raisons d'abandonner sa femme infidelle : *Si ea quam Cathecumenus reliquit.*

La seconde, que cette femme abandonnée pouvoit se remarier sans être coupable, puisqu'ensuite on l'admettoit au Baptême : *Si duxerit maritum potest ad fontem lavacri admitti.*

La troisiéme, qu'il étoit permis dans ce cas au Cathécumene de se remarier, de même qu'à la femme qu'il avoit abandonnée ; car il n'y avoit pas de raison pour l'en empêcher, tandis qu'on le permettoit à celle-ci.

Or s'il est permis, suivant la décision de ce Concile, à un Cathécumene de se remarier après avoir abandonné sa femme infidelle ; à plus forte raison ne peut-on refuser cette permission à l'Infidel converti, quand il est lui-même abandonné de sa femme Infidelle.

Ce Concile décide donc que le fidel converti & abandonné, a le droit de contracter un nouveau mariage ; cela est évident : & c'est de la part du Promoteur & de l'Official de Soissons, avoir porté atteinte à cette décision, que d'avoir déclaré Levy non-recevable dans la demande qu'il avoit formée à ce sujet. Nouveau moyen d'abus.

Concile de Tolede.
Canon 63. Le soixante-troisiéme Canon du quatriéme Concile de Tolede, tenu en 633, décide à peu près la même chose : il déclare que le lien du mariage ne peut plus subsister entre deux Infidels, dont l'un a embrassé la foi, lorsqu'il y a du danger pour le salut du Néophite. *Judæi qui Christianas mulieres in conjugio habent, admoneantur ab Episcopo Civitatis, ut si cum eis permanere cupiant, Christiani efficiantur. Quod si admoniti ncluerint, separentur ; QUIA NON POTEST INFIDELIS*

IN EJUS PERMANERE CONJUGIO QUÆ JAM IN CHRIS-
TIANAM TRANSLATA EST FIDEM. *Quod experientia doceat
Judæos ut funt pervicaces in fuis erroribus, ita folere
fuas conjuges in eofdem importunius pertrahere.*

Inutilement a-t-on cherché à équivoquer à l'Audience fur le terme *feparentur*, pour en conclure qu'il
ne s'agiffoit dans ce Canon que d'une féparation d'habitation. Pourquoi les Peres de ce Concile ordonnent-
ils de féparer les Juifs d'avec leurs femmes converties?
C'eft, difent-ils, parce que le lien du mariage ne peut
plus fubfifter entre un nouveau Converti & une Infidelle. *Quia non poteft infidelis* IN EJUS PERMANERE
CONJUGIO *quæ* JAM IN CHRISTIANAM TRANSLATA EST
FIDEM. Le *feparentur* eft donc relatif au lien même du
mariage. *Non poteft permanere in conjugo*, & non pas
feulement à l'habitation : & il eft évident qu'il s'agit ici
d'une femme infidelle convertie, *quæ jam in Chriftianam tranflata eft fidem.*

Peut-on douter en effet qu'on ait permis dans ce
tems, au fidel féparé de fe remarier, quand on voit
que la difcipline, ou fi l'on veut la condefcendance
de l'Eglife alloit quelquefois jufqu'à le permettre à
celui qui étoit obligé d'aller dans des Pays éloignés,
lorfque fa femme ne vouloit pas le fuivre? Le cas de
cet Infidel converti étoit inconteftablement privilegié,
& méritoit plus d'égards & d'indulgence que celui de
ce voyageur.

Faut-il donc être furpris, après la décifion de ces
deux Conciles, & l'autorité des Peres ci-deffus rapportées, que cette Doctrine fe foit fi fort étendue
dans l'Eglife, & qu'elle y ait fait tant de progrès?

Oecumenius la foutenoit dans le neuviéme fiécle. *Oecumenius.*
Il vaut mieux, dit-il, rompre le mariage, que d'expo-

G ij

fer la pieté. Il ajoute même , qu'il eft au pouvoir de l'Infidel converti de le faire. *Melius eft enim conjugium* DISSOLVI *quàm pietatem . . . . attamen quanquam* LIBER *fit (fidelis) ut propter increduli diffidium* SOLVAT CONJUGIUM : *multo tamen melius facturus eft , fi , foluta contentione, per pacem bonaque opera non folverit matrimonium.*

Telle étoit auffi la Doctrine de Photius , Patriarche de Conftantinople , cité par Oecumenius en cet endroit.

Theophilacte.

Theophilacte, dont nos Adverfaires nous ont objecté le fuffrage , quoiqu'oppofé à ce fentiment, avoue néanmoins qu'il étoit commun de fon tems , & que c'étoit en ce fens que l'Eglife interprétoit ce paffage de faint Paul : *in hoc fenfu communiter intelligit hæc verba Pauli ,* ECCLESIA.

Cet Auteur vivoit , fuivant Moreri, dans le milieu du onziéme fiécle. Il eft mort vers 1071. Cette époque eft intéreffante.

Hugues de S. Victor.

Hugues de faint Victor , qui vivoit fur la fin du onziéme fiécle & au commencement du douziéme, (il eft mort en 1142.) établit cette Doctrine de la maniere la plus pofitive , *lib.* 2 , *de Sacram. part.* 11 , *cap.* 3 , *de conjugiis infidelium.* L'Infidel abandonné eft libre , felon lui , de faire ce qu'il juge à propos ; il peut même fe remarier , parce que le lien du premier mariage qu'il avoit contracté eft rompu. *Si Infidelis difcedit difcedat,non eft fubditus fervituti frater in ejufmodi. Nihil illi debet.... liber eft ut faciat quod vult tantum in Domino.Ducat uxorem, fi vir ille eft:Si fœmina, nubat ... non jam tenetur debito prioris focietatis , cujus jus folutum eft propter injuriam Creatoris.*

Pierre Lombard.

Pierre Lombard , cet Auteur fi célebre dans le

commencement du douziéme siécle , en a fait la matiere d'une de ses Sentences, dans son quatriéme
Livre , distinct. 39. Le mariage des Infidels n'est point
ratifié, dit-il , c'est pourquoi celui qui est abandonné
pour la Religion peut se remarier sans pécher. *Si Infidelis discedit discedat , non enim servituti subjectus est
frater aut soror in hujusmodi. Quia non debetur reveren-
tia conjugii ei qui horret authorem conjugii : Non est
enim ratum matrimonium quod sine devotione Dei est; &
ideo non est peccatum ei qui dimittitur propter Deum , si
alii se copulaverit.*

Gratien ce sçavant Jurisconsulte , sur la fin du douziéme siécle , étoit si imbu de cette maxime, qu'il en
fit un Canon exprès qui a été inseré dans la seconde
partie de son Décret , Cause 28 , quest. 2 , Can. 2.
Si un Infidel se sépare en haine de la foi, qu'il se sépare,
dit-il ; un frere & une sœur ne sont plus assujettis à la
servitude en cette rencontre. Celui qui est ainsi abandonné , peut sans péché se remarier à un autre. Le
mépris du Créateur , de la part de l'Infidel , rompt
dans ce cas le lien du mariage. *Si Infidelis discedit odio
Christianæ fidei , discedat. Non est enim frater aut soror
subjectus servituti in hujusmodi. Non est enim dimisso peccatum propter Deum si alii se copulaverit , contumelia
quippe Creatoris solvit jus matrimonii circa eum qui relinquitur. Infidelis autem discedens & in Deum peccat & in
matrimonium : Nec est ei fides servanda conjugii : quia
propterea discedit , ne audiret Christum Deum esse Chris-
tianorum conjugiorum.*

Gratien.

Innocent III. consulté , dans le même siécle , par
l'Evêque de Ferare, sur la question qui fait aujourd'hui
l'objet de la contestation , distingue trois cas dans lesquels il décide qu'il est permis à l'Infidel converti de

Innocent III.

se remarier : si l'autre Conjoint infidel refuse de co-
habiter , s'il n'y consent que pour blasphêmer le nom
de Dieu , ou pour porter le Conjoint converti au
péché ; & il ajoute , que c'est en ce sens qu'il faut entendre ce que dit l'Apôtre. *Si enim alter Infidelium
conjugum ad fidem Catholicam convertatur , altero vel
nullo modo , vel non sine basphema divini nominis vel
ut eum pertrahat ad mortale peccatum , ei co-habitare
volente : qui relinquitur ad secunda si voluerit vota transibit , & in hoc casu intelligimus quod ait Apostolus , si
Infidelis discedit , discedat , &c. Cap. quanto de divortiis.*
On lit une autre décision toute semblable de ce Pape ,
dans le chap. *Gaudemus* au même titre.

Balsamor. Theodore Balsamon , Patriarche d'Antioche , sur
la fin du douziéme siécle , enseignoit conformément
à ce que prescrit Saint Paul dans l'endroit dont il s'a-
git , qu'il ne falloit point séparer l'Infidel converti
d'avec son conjoint infidel , lorsqu'ils consentoient de
demeurer ensemble. Mais il ajoute , que si l'un d'eux
veut se séparer , à l'instant le mariage sera rompu. Il
en cite même un exemple arrivé sous le Pontificat du
Patriarche Theodote : *Si alter ex conjugibus fidem or-
todoxam elegerit , non propterea separabitur matrimonium ; magnus enim Apostolus in Epistola ad Corinthios
statuit eos non esse separandos , quoniam sanctificatus est
vir infidelis , &c.... Si quis enim horum separari malue-
rit , matrimonium ex eo divelletur. Quod quidem factum
est tempore sanctissimi Patriarchæ domini Theodoti. Sepa-
ratus est enim à sua infideli uxore Bazilius Buxinnator,
postquam baptizatus fuerat ; cum decreto Patriarchali :
utpote quæ à viri suasione induci non posset ut baptiza-
retur. Theod. Balsam. in sextum Sinod. in Trullo. Can.
72.*

Quel eſt le Theodote dont parle ici Balſamon? Eſt-ce un Patriarche de la même Ville que Balſamon, c'eſt-à-dire d'Antioche, ou de Conſtantinople? Dans le premier cas, l'exemple cité par Balſamon ſeroit fort ancien & remonteroit juſqu'au cinquiéme ſiécle: Si c'eſt au contraire un Patriarche de Conſtantinople, ce fait qui ſeroit antérieur au décès de Theodote II. Patriarche de cette Ville, arrivé en 1153, le ſeroit auſſi par conſéquent au Décret de Gratien, qui ne fut publié qu'après 1150. Cet exemple prouve donc qu'auparavant Gratien on étoit dans l'uſage de rompre en certains cas, les mariages des Infidels convertis, & détruit par conſéquent tout ce que les Adverſaires de Levi ont oſé haſarder à ce ſujet contre la mémoire de ce Pontiſe.

Saint Thomas dans le treiziéme ſiécle a adopté l'a-vis d'Innocent III. & a admis la diſſolution du mariage de l'Infidel converti dans les mêmes cas que ce Pape. *Si autem infidelis non velit cohabitare ſine contumelia Creatoris, in verba blaſphemiæ prorumpens, & nomen Chriſti audire nolens: tum ſi ad infidelitatem pertrahere nitatur, vir fidelis diſcedens, poteſt alteri per matrimonium copulari. 3 p. ſupl. q. 59, art. 5.*

Saint Thomas.

Le même Saint dans ſon Commentaire ſur les Epî-tres de Saint Paul, ch. 7 de *Matrimonio, lectio 3.* dit ſur ces paroles, *quod ſi infidelis diſcedit, &c.* que le fidel ne doit point renvoyer l'infidel qui conſent de co-habiter; mais s'il le refuſe, ajoute-t-il, le fidel n'eſt point tenu de le ſuivre, & peut en épouſer un autre; & la raiſon qu'il en donne, c'eſt, dit-il, que le premier mariage étoit diſſoluble, parce qu'il n'a jamais été ratifié, & qu'un frere & une ſœur ne ſont point aſſujettis en cette rencontre. *Oſtendit (Apoſtolus) quod*

*fidelis non debet dimittere fidelem cohabitare volentem....
Quod si non vult cohabitare non tenetur fidelis eum sequi,
sed potest alteri nubere.... Primum enim matrimonium dis-
solubile erat, quia nunquam fuit ratum : non enim servituti, scilicet conjugali, subjectus est frater aut soror.*

S. Bonaventure. Saint Bonaventure, dans le même siécle, *lib.* 4,
dist. 39, *q.* 1, *art.* 2, *q.* 2, établit aussi que le lien
du mariage des Infidels n'est point ratifié, parce qu'ils
n'ont point reçu le Sacrement, & que ce lien peut
être rompu dans le cas du Baptême de l'Infidel. *Matrimonium apud infideles est in officium & in remedium...
vinculum autem non habet ratificationem perfectam... &
ideo potest in casu (Baptismi) istud vinculum infirmari.*

Liranus. Nicolas de Lire, Auteur du quatorziéme siécle, dans
ses notes sur la grande Bible, intitulée *Glossa ordina-
ria*, dit en deux mots sur cet endroit de Saint Paul,
que si l'infidel se retire, le fidel est dégagé de son lien,
& qu'il peut se remarier à un autre. *Liberatus est fidelis
à conjunctione ejus, & potest alteri contrahere.*

Gerson. Jean Gerson, Chancelier de l'Université, dans le
quinziéme siécle, dit que si le mariage des Chrétiens
pouvoit être rompu autrement que par la profession
en Religion, on en trouveroit des preuves dans l'E-
criture, comme on en trouve pour la dissolution du
mariage des Infidels, dans le cas de la conversion de
l'un des deux. Ce qui suppose qu'il regardoit comme
prouvé par l'Ecriture que le mariage des Infidels peut
être rompu par la conversion de l'un des deux conjoints. *Si dissolvi posset (matrimonium) sine ingressu
religionis, non est verissimile quin hoc comperiri possit ex
sacris litteris, quemadmodum de matrimonio inter infideles, alia partium versa ad fidem. De authoritate Eccl.
& Concilior. general.* 2ᵉ. vol. édit. d'Anvers, de 1706.
Col. 981. *Joannes*

Joannes à Ludegnâ, Théologien du seiziéme siécle,
l'un de ceux qui assisterent au Concile de Trente, dans la dispute qu'il soutint contre les Calvinistes sur le cé- libat des Prêtres, y établit que le mariage des Infidels pouvoit être dissous dans le cas où Levi se trouve au- jourd'hui.... *Unde infero quod conjugium infidelium di- rimi potest.... Cum altero conjugum ad fidem converso, alter non vult manere.* Et il n'a point été condamné.

Enfin cette doctrine a été établie & confirmée de nouveau par le Concile assemblé au Mexique en 1585, pour regler & assurer l'état des nouveaux convertis de ce Pays-là. Voici comment s'explique ce Concile.

S'il arrive que pendant le mariage de deux Infidels, l'un des deux ayant embrassé la Foi, ait reçu le Baptê- me, & que l'autre qui ne veut pas se convertir, refuse de co-habiter avec celui-ci, ou s'il n'y consent que pour blasphêmer le nom de Dieu, ou pour l'entraîner au péché ; celui qui est ainsi abandonné passera, s'il le juge à propos, à un second mariage. *Si quandò evenerit ut stante duorum infidelium matrimonio, alter conjugum adfidem conversus, Baptismum susceperit, altero nec nullo modo ad Catholicam fidem se convertere volente, vel non sine blaphemia divini nominis, vel ut eum pertrahat ad mortale peccatum, ei cohabitare volente, qui relinquitur ad secunda si voluerit vota transibit.*

Dans le nombre des Auteurs qui ont écrit dans le dernier siécle, on se bornera à citer Estius, l'un des plus célebres Theologiens de l'Université de Louvain. Ce sçavant Interprete, dans son Commentaire sur les Epîtres de Saint Paul, dit que ces paroles de l'Apôtre *si l'Infidel se sépare*, contiennent une exception à la loi de l'indissolubilité du mariage qu'il avoit prescrite aux Chrétiens mariés dans le V. 11, & il soutient en conséquence que c'est avec raison que Gratien, dans le Canon *Si Infidelis*, & Innocent III. dans les chapitres *Quanto* & *Gaudemus*, *de divortiis*, ont décidé qu'il étoit permis à l'Infidel abandonné de se remarier, parce qu'autrement il demeureroit assujetti à la servitude. *Quod si infidelis discedit, discedat &c.... Est enim hæc quædam exceptio ab eo quod supra dixit uxorem à viro non discedere, quod si discesserit manere innuptam.... Cum igitur eam quam dixi servitutem à conjuge fideli, respectu conjugis infidelis specialiter in casu presenti, removeat hoc loco Paulus; recte ex eo tradunt Canones Pontifici, quest. 28. c. 2. can. si Infidelis, & extra de divortiis, cap. quanto, & cap. gaudemus, quæ sunt Innocentii III. conjugem fidelem, si infidelis ob causam aliquam memoratam discesserit, aut dimissus fuerit, aliud matrimonium, priore soluto, contrahere posse. Nam alioqui prædictæ servituti subditus remaneret.*

Le même Auteur, dans son quatriéme livre, distinction 39, art. 7, assure que telle est la doctrine constante des Théologiens & Canonistes qui ont suivi en cela les Saints Canons & la pratique de toute l'Eglise. *Quod fideli non tantum licitum sit dimittere conjugem infidelem.... & aliud matrimonium contrahere, constans est Theologorum & Canonistarum doctrina, qui in ea re secuti sunt SACROS CANONES ET TOTIUS ECCLESIÆ PRAXIM.*

On ne prétendra pas sans doute que cette discipline de l'Eglise ait changé depuis Estius. Jamais au contraire elle ne fut plus enseignée. On feroit un volume d'extraits des Auteurs qui l'ont soutenue. Pour les renfermer tous en un seul, on se contentera de rapporter l'autorité du sçavant Pontife Benoît XIV, qui préside aujourd'hui l'Eglise. On ne l'accusera pas d'avoir

ignoré les vrais principes fur cette matiere. Il eft certain, dit-il, tome 12, *de Sinodo Diœcefana*, *lib.* 6,
cap. 4, *pag.* 220, édition de 1748, que par un privilege accordé par Jefus-Chrift en faveur de la Foi, &
publié par Saint Paul dans fa premiere Epître aux Corinthiens, ch. 7, le mariage des Infidels eft rompu
lorfque l'un des conjoints embraffe la Foi, & que l'autre perféverant dans l'infidélité, refufe de co-habiter
avec le converti, ou n'y confent que pour blafphêmer
le Créateur, ou pour le porter au péché. CERTUM EST
infidelium conjugium, ex privilegio in fidei favorem à
Chrifto Domino conceffo, & per Apoftolum Paulum, 1. ad
Corinth. cap. 7. promulgato, diffolvi, cum conjugum
alter Chriftianam fidem amplectitur, renuente altero, in
fuâ infidelitate obdurato, habitare cum converfo, aut
cohabitare quidem volente, fed non fine contumelia Crea-
toris, hoc eft non fine periculo fubverfionis conjugis fidelis,
vel non fine execratione fanctiffimi nominis Chrifti, &
Chriftianæ religionis defpicientiâ.

Benoît XIV. Pape actuel.

Il eft certain, dit-il, & c'eft S. Paul qui l'enfeigne, ces
expreffions méritent attention. Ce n'eft point une opi-
nion problématique fur laquelle on puiffe hazarder le
pour ou le contre. C'eft une décifion de l'Apôtre. Auffi
a-t-on vû par l'extrait ci-devant rapporté du Rituel de
M. de Soiffons, que c'étoit fur le fondement de cette
décifion Apoftolique que ce Prélat avoit lui-même propofé cette doctrine à croire & à pratiquer aux Pafteurs
& aux Fideles de fon Diocèfe.

Rituel de Soiffons.

Mais ce Rituel n'eft pas le feul, ni même le premier qui fe foit expliqué fur cette matiere. Celui de
M. de Cambouft imprimé à Metz en 1713, page 247,
renferme une difpofition femblable. Il décide de même d'après Saint Paul, qu'il eft permis aux Infidels

Rituel de Metz.

H ij

convertis de se remarier, lorsqu'ils sont abandonnés de leurs femmes Infidelles. *Matrimonia infidelium legitima esse docet Apostolus, nec unquam fideles conjuges ab infidelibus, cum fidelibus quiete & sine subversionis periculo habitare consentientibus, separavit Ecclesia ; sed si infideles à fidelibus in odium religionis discedant, tunc fideli licitum est, etiam vivente conjuge infideli, aliud inire connubium.*

Conférences de Paris. Les Conférences de Paris enseignent aussi, liv. 6, Confér. 4, §. 9, que les mariages des Infidels peuvent être dissous par la conversion de l'un des deux, & que le Fidel peut se remarier, si l'Infidel le quitte & l'abandonne.

Tout Paris a d'ailleurs sous les yeux un exemple convaincant de l'existance de cette discipline dans la personne du sieur Albert, Mahométan de Nation, qui fut converti dans le voyage qu'il fit en France en 1720 à la suite de l'Ambassadeur Turc. Il avoit quatre femmes à Constantinople. Cependant il a été remarié à Paris, du consentement de M. le Cardinal de Noailles qui ne fit aucune difficulté.

Conférences d'Angers, Luçon, Grenoble. On voit la même doctrine établie dans les Conférences d'Angers & de Luçon, & dans la Morale de Grenoble ; ce qui prouve que l'usage de chacun de ces Diocèses y est conforme.

Théologie de Perigueux. Suivant la Théologie appellée de *Perigueux*, parce qu'elle est destinée à l'usage du Seminaire & des Ecclésiastiques de ce Diocèse, il est également certain que l'usage de cette Eglise est d'admettre la dissolution du mariage de l'Infidel converti, quand l'autre conjoint Infidel refuse de co-habiter. *Matrimonium dissolvi potest quando conjux in infidelitate perseverans, pacificè sine scandalo, & sine Creatoris injuria habitare*

non vult ; cum enim matrimonium illud diſſolvendi li-
bertas in favorem fidei conceſſa fit, ne pars converſa,
alterius ſervituti ægrè & cum dedecore ſubjiciatur.

La Sentence de Straſbourg du 7 Novembre 1754,
qui permet à Levi de ſe remarier, & les Certificats
des Evêques de Verdun & de Toul, & du Vice-
Gerent de l'Officialité de Metz, qui ont été lûs à l'Audience *, ne permettent pas de douter de la diſcipline
qui s'obſerve dans chacun de ces Evêchés.

Enfin le Cathéchiſme de Montpellier, ce livre ſi
univerſellement eſtimé & ſi répandu, en même-tems
qu'il atteſte l'uſage particulier de ce Diocèſe, fournit
auſſi une preuve bien évidente de la vérité de cette
doctrine, puiſqu'elle y eſt clairement enſeignée. Voici
ce qu'on y lit, chap. 8 du Mariage, §. 4 des Empêche-
ments dirimants.

Demande. » Si un Infidel marié ſe convertit & eſt
» baptiſé, l'autre Partie demeurant dans l'infidélité,
» le mariage contracté avant ſon Baptême eſt-il nul ?
» *Réponſe.* Il dépend de la perſonne qui eſt encore
» Infidelle & de celle qui eſt nouvellement baptiſée
» de ratifier ou de ne pas ratifier le mariage contracté
» avant le Baptême de l'un des deux ; mais ſi ce ma-
» riage eſt une fois ratifié, on ne peut plus le rompre.

Auroit-on inféré cette déciſion dans ce Cathéchiſme,
ſi on n'eût été bien aſſuré de ſon exactitude & de l'u-
nanimité des ſentimens ſur ce qui en fait l'objet.

Après une tradition auſſi bien ſuivie, faut-il être
étonné que tous les Auteurs, Théologiens, Canoniſtes,
Juriſconſultes, Commentateurs & autres ſayent embraſſé
cette doctrine. Tel eſt en effet le ſentiment des Cardi-
naux Bellarmin, de Laurea & d'Oſtie, de l'Evêque de
Palerme, du Pere Alexandre, d'Habert & Tournelly

parmi les Théologiens ; de Fagnan, Fevret, Defpeiffes, Ferieres, Nauld, Van-Efpeen, Gibert & d'Hericourt parmi les Jurifconfultes ; de Grotius, Tirin, le Maître de Saci, des Carieres & Calmet parmi les Commentateurs ; de Pontas parmi les Cafuiftes ; du célébre Abbé Duguet dans fes Conférences Eccléfiaftiques (a). On a vérifié toutes ces citations de la maniere la plus exacte : on s'étoit même propofé de les inférer dans ce Mémoire ; mais l'aveu fait par les Adverfaires de Levi en pleine Audience, que tel eft aujourd'hui le fentiment univerfel, nous en difpenfe. Ce qui prouve d'ailleurs l'unanimité de toutes les Ecoles fur ce point, c'eft l'hommage que vient de rendre à cette vérité la Sorbonne elle-même dans la Thèfe qui a été foutenue le 13 du préfent mois de Décembre, où l'on établit comme maxime certaine, que le mariage des Infidels peut être diffous par la converfion de l'un des deux conjoints. *Sic volente Deo, folvi poteft apud Infideles (matrimonium) confummatum, alterius conjugum converfione.*

Thefe de Sorbonne.

Mais une autorité d'un autre genre, & qui prouve d'une maniere bien plus avantageufe pour Levi, combien cette difcipline éft conftante, c'eft un Arrêt du Confeil Souverain de Colmar du 29 Mars 1749, qui

Arrêt du Confeil Souverain de Colmar.

(a) Conférences Eccléfiaftiques par M. l'Abbé Duguet, page 378 de la premiere partie, col. premiere.

„ Saint Paul dans ce paffage, *Nam cæteris ego dico, &c.* I. Corinth.
„ ch. 7, v. 12, confeille feulement à ceux qui font mariés avec un Infidel
„ de ne pas rompre le lien de leur fociété ; mais il ne leur commande pas,
„ & il permet à une femme Chrétienne qu'un mari Idolâtre a quittée,
„ de fe marier à un autre : *Non enim fervituti fubjectus eft frater aut foror in*
„ *hujufmodi.* D'où peut venir cela, ajoute-t-il, fi c'eft la parole une fois
„ donnée, & fi c'eft le mutuel confentement qui fait tout le mariage,
„ comme quelques-uns le prétendent ?

a jugé la queſtion *in terminis*. En voici l'eſpece.

Vers la fin de l'année 1747, Edel Bernheim, épouſe d'Aaron Levi, Juif, originaire de Zillisheim en haute Alſace, ſort de la maiſon de ſon mari avec Wolf Bacher, Juif, originaire de Prague. Ils ſe retirent à Straſbourg, où ils ſont baptiſés le 25 Novembre 1747.

Le 28 Février 1748 Sommation d'Edel Bernheim attachée à la porte d'Aaron Levi ſon mari qui étoit alors en fuite, par laquelle elle lui déclare que le Baptême qu'elle a reçu ne lui permet plus d'habiter avec lui. Elle le ſomme en conſéquence de ſe faire inſtruire dans 15ᵉ. de la Religion Catholique, & de venir la rejoindre, ſinon qu'elle ſe tiendroit autoriſée à contracter un nouveau mariage.

Aaron Levi offre de co-habiter avec Edel Bernheim, & demande qu'elle ſoit tenue de revenir avec lui.

Au préjudice de ces offres, Edel Bernheim épouſe Wolf Bacher le 14 Août 1748. Le mariage eſt célébré dans la Paroiſſe & par le Curé de Saint Pierre le jeune de Straſbourg.

Appel comme d'abus; de la part d'Aaron Levi, de la célébration de ce mariage, au Conſeil Souverain de Colmar.

Procès en conſéquence entre les Parties. Aaron Levi prétend que le mariage d'Edel Bernheim eſt un adultere. Il demande contr'elle la confiſcation de ſa dot, & qu'elle ſoit réclufe dans un Convent.

Edel Bernheim ſoutient, de ſon côté, ſon mariage valablement contracté, & demande contre Aaron Levi la reſtitution de ſa dot.

Wolf Bacher ſon mari intervient dans la conteſtation, l'autorife & prend les mêmes conclufions qu'elle.

Arrêt contradictoire le 29 Mars 1749, qui faifant droit fur le tout, déclare *qu'il n'y a abus*, déboute Aaron Levi de toutes fes demandes, le condamne à reftituer la dot à la femme dudit Bacher, & aux dépens.

Après un Arrêt auffi folemnel, pourroit-il encore y avoir quelque difficulté fur la caufe de Levi?

C'eft donc une vérité inconteftable & portée jufqu'à l'évidence, que l'Eglife a toujours regardé comme une des exceptions à l'indiffolubilité du mariage, le refus du conjoint Infidel de continuer de co-habiter avec le conjoint converti; & que cette doctrine établie par Saint Paul, & depuis enfeignée par les Peres & confirmée par les Conciles, a été le fondement de la difcipline pratiquée dans tous les fiécles, de remarier en ce cas le Fidel abandonné. C'eft donc bien à tort qu'on a avancé que cette difcipline ne remontoit pas plus haut que Gratien. La date des Auteurs & des exemples qu'on a cités prouve évidemment le contraire (*a*).

Comment Levi pourroit-il donc appréhender pour

_____

(*a*) On ne répond point aux autres objections; elles ont été fuffifamment réfutées à l'Audience. On y a prouvé que toutes les autorités oppofées, ou étoient inutiles, comme établiffant la regle avouée de part & d'autre fur l'indiffolubilité du mariage, ou étrangeres, comme traitant d'efpeces toutes différentes de celle dont il s'agit.

On a prouvé de même par le propre certificat du Curé de Villeneuve, & par celui du Procureur Fifcal de la Juftice, que le domicile de Levi fur cette Paroiffe, étoit de plus de 14 mois lors de la premiere Sentence du 4 Septembre 1755; & de plus de 18 mois lors de celle du 5 Février 1756. Ce qui détruit encore l'objection tirée du défaut de domicile.

l'évenement

l'événement de fa Caufe ? Appuyé d'un côté fur un Dogme auffi ancien que faint Paul, & de l'autre fur une difcipline que le Concile d'Elvire prouve être établie dès le troifiéme fiécle, doit-il craindre que le Parlement, Protecteur des maximes & des regles de l'Eglife, & chargé de veiller au maintien de fa difcipline, en prenne moins la défenfe que le Confeil Souverain de Colmar ?

Quand cette difcipline ne remonteroit qu'à Gratien, quoique le contraire foit évidemment démontré, pourroit-on fe difpenfer de la fuivre, tant que l'Eglife qui peut feule établir une difcipline univerfelle, ne l'aura pas changée ? Et quand elle la changeroit, Levi étant entré dans fon fein fous la foi de l'ufage actuellement fubfiftant, l'Eglife voudroit-elle, par un établiffement pofterieur, intervertir la nature & la condition de fon fort ?

Les ufages même particuliers des Eglifes font des Loix dont on ne peut jamais s'écarter. On l'a prouvé au commencement de ce Mémoire. Combien moins peut-on donc y déroger quand ils font univerfels ? Qu'y auroit-il de certain dorénavant dans la difcipline, fi le point dont il s'agit ne l'étoit pas ? Y en a-t-il aucun qui foit mieux établi ? Et combien n'en citeroit-on pas au contraire qui le font beaucoup moins, & que l'on confirme cependant tous les jours ? Combien d'empêchemens dirimans, par exemple, qui n'ont d'autre appui que quelque Décretale ou quelque Canon de Concile particulier ?

Quelle bizarrerie d'ailleurs n'y a-t-il pas à défendre à Soiffons ce qui eft permis à Strafbourg, à Paris même, & dans tant d'autres Eglifes ?

De plus, fi l'on confirmoit les Sentences dont eft

I

appel , quel trouble ne feroit-ce pas porter dans une portion confiderable de la Societé ? Ce qu'on décideroit contre Levi feroit décidé contre tant d'autres Infidels convertis , qui fur la foi de cette difcipline ont contracté de nouveaux mariages. Ce feroit enlever l'état à leurs femmes & à leurs enfans.

Combien d'Infidels d'ailleurs , dont la foi naiffante feroit peut-être étouffée par l'effrayant point de vûe de perdre leurs femmes fans avoir, dans leur foibleffe, la reffource d'en époufer d'autres !

Ce fera , fi l'on veut, indulgence dans l'Eglife que d'avoir établi cette difcipline en faveur de l'infirmité des Infidels convertis ; mais cette indulgence même ne doit-elle pas être refpectée , & peut-on tolerer que l'Official de Soiffons fe foit cru plus fage ou plus éclairé qu'elle?

En un mot, Levi a prouvé d'un côté qu'il y a toujours eu des exceptions à l'indiffolubilité du mariage ; il a établi de l'autre, qu'une de ces exceptions étoit le refus du Conjoint infidel de co-habiter avec le Converti. Il eft dans ce cas à l'égard de Mandel Cerf fon époufe infidelle qui l'abandonne ; on ne peut donc lui refufer la permiffion de contracter un nouveau mariage. C'eft ce qu'il efpere de la Juftice de la Cour.

Monfieur SEGUIER , *Avocat Général.*

Mᵉ. LE GRAS , Avocat.

CHASTEL, Proc.

Certificat du Sécretaire de l'Evêché de Strasbourg, qui constate que l'usage de ce Diocèse est de permettre aux Juifs baptisés de se remarier quand leurs femmes Juives refusent de co-habiter avec eux.

JE soussigné Sécretaire de l'Evêché de Strasbourg, certifie par ces Présentes qu'il conste par les Registres du Greffe dudit Evêché, qu'il a de tout tems été d'usage dans le Diocèse de Strasbourg, de permettre aux Juifs baptisés de contracter mariage avec des personnes Catholiques, lorsque leurs femmes Juives ont été refusantes de co-habiter avec eux, après qu'ils avoient reçu le Baptême, lequel usage a aussi été constamment reconnu par le Conseil Souverain de Colmar toutes & quantes fois qu'il y a eu quelque contestation à ce sujet pour le temporel, ainsi qu'il conste par nombre d'exemples qui se trouvent dans la Province d'Alsace. En foi de quoi j'ai signé le présent Certificat; & par ordre de Monseigneur le Grand Vicaire, apposé le Sceau du Grand Vicariat de l'Evêché. A Strasbourg, le 4 Octobre 1754. *Signé*, LANTZ, Sécretaire de l'Evêché de Strasbourg.

Nous soussignés, certifions que le Sieur Lantz qui a donné l'attestation ci-dessus, est Sécretaire de l'Evêché, & que foi est ajoutée aux Actes qu'il expédie en sadite qualité. A Strasbourg, ce 4 Octobre 1754. *Signé*, J. F. Év. D'URANOPLE, Suffragant Vicaire général de Strasbourg. *Plus bas est écrit*, par Monseigneur, *Signé*, LEAUJEAN.

Pareil Certificat de M. l'Evêque de Verdun pour le Diocèse de Verdun.

AYmard-Chrétien-François Michel de Nicolaï, Evêque & Comte de Verdun, Prince du Saint Empire.

Nous certifions à qui il appartiendra, que le nommé Salomon Lambert, Juif de naiſſance, & Originaire de la Ville de Metz, après avoir été inſtruit de la Religion Chrétienne, & ſuffiſamment éprouvé, a été baptiſé ſolemnellement dans l'Egliſe Cathédrale de Verdun, le 29 Mai 1751, veille de la Pentecôte de ladite année : Que ledit Lambert ayant été marié, étant encore dans l'infidelité, à Colombe Hadmart, Juive comme lui de naiſſance, & Originaire de la même Ville de Metz, & déſirant ne s'en point ſéparer après ſa converſion, pourvû qu'elle voulût bien ſe faire inſtruire de la Religion Chrétienne & en faire profeſſion avec lui, l'y ayant invité par trois ſommations juridiques & compétentes avec proteſtation de ſa part d'uſer ſur ſon refus du privilege que lui donnoit ſon Baptême, de convoler à un autre mariage dans la Religion Chrétienne ; ladite Hadmart ayant répondu auſdites ſommations, qu'elle ne vouloit ſe faire inſtruire ni revenir avec lui, & qu'elle lui laiſſoit toute liberté de ſe pourvoir comme bon lui ſemble-roit : Ledit Lambert ſur cette réponſe, après néan-moins les délais & intervales compétens, a contracté en face de l'Egliſe, avec toutes les cérémonies uſitées, un nouveau mariage avec Marguerite Renaud, dans la

Paroiffe de Recicourt en ce Diocèfe, le 27 Juillet de la même année 1751 ; & cela avec la permiffion expreffe des Supérieurs Ecclefiaftiques , fuivant l'ufage & les principes reçus en ce Diocèfe pour ces fortes de cas ; en foi de quoi , nous avons donné les Préfentes, icelles fait figner par un de nos Vicaires généraux , fceller du fcel de nos Armes , & contre-figner par les Sécretaires. De notre Evêché à Verdun le 4 Décembre 1756. *Signé*, Du Sautzet, Vicaire général. Et plus bas eft écrit par Monfeigneur. *Signé*, Deulneau.

Pareil Certificat de M. l'Evêque de Toul , pour le Diocèfe de Toul.

CLAUDE, par la grace de Dieu & l'autorité du Saint Siege Apoftolique , Evêque, Comte de Toul , Prince du Saint Empire.

Nous certifions que l'ufage de notre Diocèfe, à l'égard des Juifs convertis, eft de les admettre à un fecond mariage , lorfqu'ils ne veulent ou ne peuvent retourner à leur premiere femme.

Donné à Toul , en notre Palais Epifcopal, le 5. Décembre 1756. *Signé*, † Claude, Evêque de Toul. Et *plus bas eft écrit* , par Monfeigneur. *Signé* , Thiebault.

Pareil Certificat du Vicegerent de l'Evêché de Metz, pour le Diocèse de Metz.

NOUS Nicolas Bertin, Prêtre, Chanoine de l'Eglise Collégiale de S. Sauveur de Metz, & Vicegerent de l'Officialité du Diocèse dud. Metz : Certifions que les Juifs mariés qui se convertissent à la Religion Chrétienne dans le Diocèse de Metz, sont dans l'usage de se marier de nouveau avec une Chrétienne après avoir sommé leur première femme Juive de venir habiter avec eux & qu'elle a refusé de le faire. Il en est de même des femmes Juives qui se convertissent, & dont les maris restent dans la Religion judaïque. Il y a quantité d'exemples de ces sortes de mariages dans les Paroisses du Diocèse de Metz. La Synagogue de la Ville de Metz regarde les sommations faites par les Juifs convertis à leurs femmes, comme des actes de répudiation, & de leur côté ces femmes Juives passent à de nouveaux mariages ; en foi de quoi nous avons signé les Présentes que nous avons fait contre-signer par notre Greffier, & sceller au Sceau de l'Officialité de ce Diocèse. Fait à Metz, le 28 Décembre 1756. *Signé*, BERTIN, Vicegerent de l'Officialité de Metz. *Et plus bas est écrit*, par mondit Sieur le Vicegerent. *Signé*, GUITTON, Greffier.

Extrait d'une Consultation de trois Avocats au Conseil Souverain de Colmar, qui constate la Jurisprudence de ce Tribunal sur le mariage des Juifs convertis.

LEs Avocats au Conseil Souverain d'Alzace soussignés, qui ont été consultés sur la question de sçavoir, si un Juif marié peut après son Baptême se marier à une autre, estiment que .... les paroles de saint Paul ont servi de fondement à la Doctrine enseignée par saint Augustin, par saint Thomas, & les autres Peres de l'Eglise, ainsi que par tous les Théologiens & Canonistes, qui tous se réunissent sur le point de liberté qu'a le Juif converti de se marier à une autre. Il y en a eu même parmi eux qui ont soutenu, que le Baptême seul operoit la dissolution du mariage des Juifs, mais ce sentiment n'a pas été suivi. La Doctrine la plus commune & la plus saine, est que le mariage d'un Juif converti n'est dissout que par le second mariage seulement qu'il contracte avec une Fidelle.

Les exemples de ces sortes de mariages ne sont pas rares dans cette Province : Les Evêques, loin de les empêcher, les ont toujours facilités ; & toutefois que le Conjoint Juif a formé des difficultés à l'occasion du mariage du Conjoint converti, soit pour la restitution de la dot, soit pour autre cause, & que ces difficultés ont été portées par appel au Conseil d'Alsace, ce Tribunal a toujours formé ses décisions sur le principe constamment adopté, que le Juif converti peut passer à un autre lien qui dissout celui qu'il avoit contracté auparavant avec sa femme Juive. Il y a sur ce point differens Arrêts, tous fondés sur le principe ; la Doctrine & l'usage ci-devant allegués. Il y a actuellement à la suite dudit Conseil, un des quatre Huissiers-Audienciers, auparavant Juif, marié & domicilié à Haguenau. Celui-ci après avoir reçu le Baptême en 1731, le fit également donner aux deux enfans impuberes procrées de son mariage. Sa femme Juive ayant persisté dans son aveuglement judaïque, il épousa une Chrétienne avec laquelle il est encore uni. Depuis il a acquis un Office d'Huissier-Audiencier, & il en fait les fonctions.... Ainsi personne ne doute qu'un Juif converti peut se marier à une femme Chrétienne, lorsque sa femme Juive persévere dans son erreur.......

Déliberé à Colmar le 18 Mars 1754. Signé, MEINEULT, REICHSTETTER, & GERARD.

Mᶜ. LE GRAS, Avocat.

De l'Imprimerie de la Veuve PAULUS-DU-MESNIL, rue de la Vieille Draperie, vis-à-vis Sainte Croix en la Cité, 1757.